歴史文化ライブラリー
230

加藤清正

朝鮮侵略の実像

北島万次

吉川弘文館

目次

加藤清正像の虚と実——プロローグ

1　加藤清正像の虚と実

豊臣秀吉《とよとみひでよし》が朝鮮に派兵した当初の目的、それは明《みん》を征服し、東アジア世界に君臨しようとする野望を抱き、その第一歩として朝鮮を服属させようとしたことにあった。一五八七年（天正《てんしょう》十五）、島津氏を降《くだ》して九州をおさえた秀吉は、対馬《つしま》の宗氏に、朝鮮がみずからに服属するようとりはからうことを命じた。秀吉は朝鮮について、対馬の宗氏に従属しているものと考えていたのである。しかし、事実は逆であり、対馬は交易上、朝鮮に依存する関係にあったのである。そのため宗氏は秀吉の命令を秀吉の日本全国統一を祝う通信使派遣要求にすりかえて朝鮮側に折衝し、秀吉の前で朝鮮通信使《ちょうせんつうしんし》を服属使節にみせかけたのであった。この通信使を服属使節と思いこんだ秀吉は、朝鮮に明征服の先導に立つよう命ずるとともに、肥前《ひぜん》名護屋に城を築き、明征服の準備を始めた。

一五九二年（宣祖《せんそ》二十五）四月十三日（日本暦十二日）、小西行長《こにしゆきなが》・宗義智《そうよしとし》らの第一軍が釜山浦《ふざんぽ》に迫り、道を通すよう要求したが、朝鮮側はこれを拒絶した。翌日、戦いとなり、釜山鎮《ちん》は陥落《かんらく》した。ここから前後七年間にわたる朝鮮での戦いが始まるのである。

この戦争には、九州・中国・四国の諸大名をはじめとする十六万の兵力が朝鮮に出兵したが、さらに蝦夷《えぞ》の松前《まつまえ》氏にいたるまで、全国の諸大名が名護屋《なごや》参陣などの戦争態勢に加わった。本書の主題である加藤清正《かとうきよまさ》はこの戦争に先陣をきった代表的な人物の一人である。この戦争、すなわち秀吉の朝鮮侵略について、私は加藤清正をぬきにして語ることはできない。清正は秀吉の股肱《ここう》の臣《しん》であり、秀吉の日本全国統一の過程でも数々の戦功をあげ、朝鮮侵略のさいにもさまざまなエピソードを持つ人物である。

太平洋戦争が始まった一九四一年（昭和十六）、その時、私は国民学校（現在の小学校）一年生であった。その年の四月に発行された文部省検定の教科書『小学国史』は、朝鮮侵略における清正について、つぎのように記述している。

釜山に上陸したわが軍は、いたるところ連戦連勝し、わづか三箇月余りの間に、ほとんど朝鮮全土を従へてしまった。この戦に、清正は、とりこにした二王子をいたはり、また人民を憐んだので、人々は皆その徳になついた（文部省検定尋常用教科書『小学国史』下巻、一九四一年〈昭和十六〉四月発行）。

また修身の教科書では、一五九六年（文禄《ぶんろく》五）、畿内《きない》一帯を襲った慶長《けいちょう》大地震のさい、清正が伏見《ふしみ》城の秀吉のもとに駆けつけたその忠義のほどについて、つぎのように記述している。

> 清正は又誠実なる人なりき。石田三成《いしだみつなり》の讒言《ざんげん》によりて秀吉の怒を受け、朝鮮より召帰されてつつしみゐたり。或夜伏見に大地震あり、清正、秀吉の身をきづかひ、部下の者をひきゐて、まつさきに城にかけつけ、夜のあくるまで其の門を守りたり。これより秀吉の怒とけ、其の罪なきことも明らかになれり（『日本教科書大系』近代編三修身(三)、一九六二年〈昭和三十七〉一月十五日発行、講談社刊行）。

一方、歴史学界の側でも、一九〇五年（明治三十八）、鈴木圓二《えんじ》氏が「蔚山籠城《うるさんろうじょう》情況」という論考を発表した。それは一五九七年（慶長二）の暮から始まった蔚山の籠城のさい、加藤清正と浅野幸長《あさのよしなが》が日本軍の総大将小早川秀秋《こばやかわひであき》・右軍の大将毛利秀元《もうりひでもと》・軍目付竹中隆重《たけなかたかしげ》らに蔚山籠城の様子を告げ、兵糧《ひょうろう》と援兵《えんぺい》を要請した『浅野家文書』の一節を紹介したものであり、清正らの武勇をたたえて、つぎのように述べている。

（慶長二年）十二月廿二日より、明軍十万蔚山を囲む。城兵防戦すれども、寒天の時にて、且《か》つ城普請《ふしん》も未だ十分ならず、是非に及ばず籠城す。明軍毎日襲来るを撃退す。然れども城中食已《すで》に尽き、城外に突進し、敵陣を攻撃するの力を欠く。（「浅野家文書」の紹介略）其中の苦心想像せらる、なり。即ち飢渇するを以て紙を噛み、壁土を煎、馬を刺し其の血を飲みしは、実に此籠城の時なり。今日、皇師、魯（ロシア）軍と兵を接す、而して連戦連捷、当時に比較するに、其兵器弾薬の進歩、作戦計画の精緻なるは勿論、将校士卒の勇武古《いにしえ》に過ぐるあるも、決して遜色《そんしょく》なきを知る（史学会編『弘安《こうあん》文禄征戦偉績』所収、一九〇五年（明治三十八）、冨山房刊行）。

この『弘安文禄征戦偉績』は蒙古《もうこ》襲来《しゅうらい》と秀吉の朝鮮侵略における日本武士の偉業をたたえたものであるが、その編集の意図について、当時の史学会会長重野安繹《しげのやすつぐ》はその緒言でつぎのように述べている。

「この『弘安文禄征戦偉績』を戦地の各団隊および傷病の将士を収容する病院に寄贈して真心を示し、さらに内外の諸学校に寄贈し、修身歴史講話の材料とする」（意訳）。

要するに、この『征戦偉績』は日露戦争で戦う兵士に歴史をかえりみて、戦意高揚をうながすとともに、学校教育の教材とすることであった。

この編集意図にそって、鈴木氏は蔚山籠城の清正の事例を日露戦争で戦う兵士へ武人の鏡として提示したのであった。

以上のような事例から、清正は忠君な武人として、学校教育あるいは歴史物語を通じて人々に知れわたるようになった。

これに対し、朝鮮側では清正をどのようにとらえているのだろうか。その典型的な例は民話や『壬辰録《じんしんろく》』（いく種類かの版本あり）と題される小説であり、秀吉の朝鮮侵略が「壬辰の悪夢」として語りつがれている。

高麗《こうらい》大学の崔官《さいかん》氏によれば、小説『壬辰録』などでは、清正は慶州《けいしゅう》を焼き払い、王子を捕らえた張本人であり、その無慈悲・兇暴・勇猛は他の日本諸将よりすさまじく、朝鮮人の怨恨と恐怖の的となっているという（崔官著『文禄・慶長の役』一九九四年、講談社選書メチエ）。

このように清正の評価については、両国の間で大きな隔たりがある。それはかつて被害を加えた側と蒙《こうむ》った側の立場の違いによるものであろう。

私は長年にわたって清正関係の史料を見てきたが、そこからは、忠君・武勇、あるいは無慈悲・兇暴とは別の清正像が見えてきた。清正の神経は繊細であり、人柄は几帳面《きちょうめん》。

私はそのように感じた。それでは、秀吉の朝鮮侵略における清正の動向に焦点を絞って、その実像を語ることにしよう。

なお本書では、暦について、史実の起こった日本または朝鮮現地の暦を採用した。

清正の咸鏡道侵入

清正・行長のソウル先陣争い

清正の一番乗り報告

ソウルはアジア有数の大都市である。都心にはかつての王宮景福宮《けいふくきゅう》があり、そこから南に走る世宗路《せそうろ》には豊臣秀吉《とよとみひでよし》の朝鮮侵略のさいに戦った朝鮮水軍の名将李舜臣《りしゅんしん》の銅像が立っている。そこからさらに南へ行くとソウルの象徴ともなっている南大門《なんだいもん》へ出る。そしてさらに南へ行くと漢江《かんこう》に行きあたる。現在、この漢江の河川敷はソウル市民の憩いの場となっている。漢江にはいくつもの橋がかかっており、それを渡ると江南地区といわれる地域に入る。この地域は一九八八年のソウルオリンピックをきっかけにして発展した地域である。このソウルに韓国の全人口の五分の一ほどにあたる約九百八十万の人々が暮らしている。

図1　南　大　門

このソウルが朝鮮王朝の都となったのは一三九四年（太祖《たいそ》三）のことである。高麗《こうらい》にかわって新たな王朝を樹立した李成桂《りせいけい》は、国号を朝鮮とすることを明《みん》から認められ、ついで高麗の都であった開京（現、開城《かいじょう》）から現在のソウルへ遷都《せんと》したのであった。当時の都は漢陽《かんよう》と呼ばれ、その規模は現在のソウルにくらべるとかなり小規模であった。城内を城壁で囲み、都の南に崇礼門《すうれいもん》（南大門）、東に興《こう》仁門《じんもん》（東大門）、西に敦義門《とんぎもん》、北に粛靖門《しゅくせいもん》をはじめ、いくつかの門を設けた。都の内部は中・東・西・南・北の五区画に分かれ、中央には王宮である景福宮が建っていた。その景福宮正面の世宗路は当時の官庁街であった。そして、この都づくりから約二百年たった一五九二年（宣祖二十五）、ソウルはこれまでにない衝撃を受けることとなったのである。

同年五月三日（日朝同暦）、豊臣秀吉が派兵した日本軍がなだれこんだ。その日の払暁《ふつぎょう》、小西行長《こにしゆきなが》・宗義智《そうよしとし》・松浦鎮信《まつらしげのぶ》らの第一軍は東大門から、加藤清正・鍋島直茂《なべしまなおしげ》らの第二軍は南大門から乱入したのである。秀吉は朝鮮を明征服の先頭に立たせようとしたが、朝鮮は

図２　朝鮮侵略当時のソウル（漢城全図より）

これに応ぜず、行長・清正らの先鋒《せんぽう》はソウルめざして進撃したのであった。このため、四月二十九日（日本暦二十八日）、朝鮮国王は平壌《へいじょう》をめざして都落ちしていた。

このソウル陥落につき、清正は「今日二日、漢江を渡り、時を移さずソウルに入った。国王は二、三日前に都から逃れた」と、その一番乗りを秀吉のもとへ報告している。

ところが、松浦鎮信の家臣、吉野甚五左衛門《よしのじんござえもん》の従軍記録『吉野日記』によれば、五月二日の夕暮れには、ソウルより一日路（徒歩で一日の距離）ほど離れた川端、つまり北漢江の龍津渡《りゅうしんのわたし》に至り、夜どおし歩いて、三日の夜明けに東大門にたどり着いたとある。さらに『吉野日記』は、清正のソウル入城も三日と記している。さらに小西行長・宗義智の従軍僧天荊《てんけい》の『西征日記《せいせいにっき》』によれば、清正は五月三日の辰刻《たつのこく》（午前八時）に入京したとある。一方、朝鮮側の記録を見ると、『朝鮮王朝実録』は三日に清正・行長らが入京したとある。清正はソウル陥落を実際より一日早めて二日として報告したのであった。その理由は清正と行長の先陣争いにあった。この両者の争いは釜山上陸の前から芽生えていた。

行長の朝鮮出兵延引策

秀吉は朝鮮渡海の兵力を九軍に編成した。その第一軍が小西行長・宗義智らであり、第二軍が加藤清正・鍋島直茂らであった。一五九二年（天正《てんしょう》二十）一月、秀吉は毛利吉成《もうりよしなり》・加藤清正・黒田長政《くろだながまさ》らに壱岐《いき》または対馬《つしま》に待機するよう指示した。それは行長と義智が朝鮮に使者として赴き、朝鮮側に明征服に協力する様子があるか否かを見定めてくるので、その返事を待ってから行動に移れというものであった。ところが同年二月と三月に、秀吉は九州・四国衆は壱岐・対馬に待機し、清正は朝鮮より一〜二里の島に待機せよと指令を変更した。ここに秀吉のあせる気持と清正のはやる気持がみてとれる。

一方、行長と義智はこのころ、どのような動きをとっていたのだろうか。秀吉は彼らが朝鮮に赴いたと思っていたが、このころ、彼らは朝鮮に渡っておらず、三月十二日の時点で、行長は壱岐・平戸《ひらど》・有馬《ありま》・大村の兵を率いて、ようやく対馬の厳原《いづはら》まで渡海したところであった。義智とすれば、対馬がこれまで深い通交関係にあった朝鮮に兵を出すことは対馬の存亡に関わることであって、朝鮮出兵は避けたかったのであり、岳父の行長も義智と立場をともにし、出兵延引策を取ったのである。しかし、清正ら後続部隊は対馬からさらに朝鮮沿岸の島までひたひたと迫っており、行長と義智はこれ以上の延引策をとり繕うことはできなかった。彼らは後続部隊に押し出されるようにして釜山に向かったのである。

釜山・東萊を陥した行長

出兵延引策をかなぐり捨てた行長・義智らの第一軍は、一五九二年（宣祖二十五）四月十三日（日本暦十二日）、釜山浦に迫った。翌十四日（日本暦十三日）、釜山鎮を陥し、ついで西平浦《せいへいほ》（現、慶尚南道釜山市沙下区旧平洞）・多大浦《ただいほ》（現、慶尚南道釜山市沙下区多大洞）も陥した。この戦いで釜山鎮僉使《せんし》（僉節制使の略称。兵使・水使につぐ武官職。従三品。この場合は水軍僉使）鄭撥《ていはつ》は戦死した。釜山鎮を陥《おと》した第一軍はその余勢を駆って、十五日（日本暦十四日）、東萊《とうらい》城を陥した。このあと第一軍は左水営→機張《きちょう》→梁山《りょうさん》→密陽《みつよう》→大邱《たいきゅう》→仁同《じんどう》と進軍し、二十五日（日本暦二十四日）、尚州《しょうしゅう》で慶尚道《けいしょうどう》巡辺使（一道の兵馬統括）李鎰《りいつ》の朝鮮軍を蹴《け》散らした。ついで、慶尚道と忠清《ちゅうせい》道の境の要害である鳥嶺《ちょうれい》を越え、四月二十八日（日本暦二十七日）、忠清北道忠州《ちゅうしゅう》の弾琴台《だんきんだい》で慶尚・忠清・全羅《ぜんら》三道都巡辺使（有事のさい、一道の兵馬を統轄する臨時の司令官。都巡辺使は数道の兵馬を統轄する臨時の総司令官）申砬《しんりゅう》の朝鮮軍を破った。

遅れをとった清正

清正の率いる第二軍が、黒田長政の第三軍・毛利吉成の第四軍とともに釜山浦に上陸したのは四月十八日（日本暦十七日）のことであった。遅れた理由は風向き不良によるものであった。この時、第一軍はすでに密陽に迫っていた。

図3　第一次朝鮮侵略における加藤清正・小西行長の進路図

清正は第一軍とは別のルートをとり、二十一日（日本暦二十日）、慶州を陥した。ついで二十三日（日本暦二十二日）、永川《えいせん》に進撃し、忠州に向かった。この間、破竹《はちく》の勢いで進撃する清正勢の前に朝鮮側は、安東府使《あんどうふし》（朝鮮各道のもとにある府の行政首職。安東府使の場合は正三品《しょうさんぴん》）鄭熙績《ていきせき》は遁走《とんそう》し、慶尚左防禦使（巡辺使の下に位置する臨時の武官職）成応《せいおう》吉《きつ》・助防将《じょぼしょう》（防禦使の下に位置する臨時の武官職）朴宗男《ぼくそうなん》らは兵を出さなかった。

ところがこの清正のもとで一つのやっかいな問題が起こった。それは清正の先鋒《せんぽう》将の一人が降倭《こうわ》（秀吉の朝鮮侵略のさい、朝鮮側に投降または寝返った日本側の将兵をいう。また、日本側についた朝鮮人を順倭《じゅんわ》という）となって、部下を率いて朝鮮側に寝返ったことである。その降倭の日本名は明らかでないが、朝鮮史料には「沙也可《さやか》」と出ている。彼は朝鮮の東土礼義の風俗、中華文物の盛んなるを慕い、秀吉の出兵に大義なしとして、朝鮮側に投降《とうこう》したのであった。のち、金忠善《きんちゅうぜん》という朝鮮名を国王から賜ることとなる。

このような戦線離脱者があったものの、清正・直茂の第二軍は先を急ぎ、忠州弾琴台の戦いで第一軍が勝利をおさめた翌二十九日（日本暦二十八日）、忠州で第一軍と合流したのであった。ここで清正と行長はソウル侵入路について協議する。その結果、第一軍は忠州より北進して、驪州《れいしゅう》経由で東大門より、第二軍は、忠州より西進し、竹山《ちくさん》経由で南大門よりソウルに侵入することとなった。

朝鮮渡海に遅れをとり、さらに先鋒将が朝鮮側に寝返ったこともあって、清正としては、何としてもソウル陥落《かんらく》の一番乗りとならねばならなかったのである。ソウル陥落を三日でなく二日と報告した理由はここにあるものといえよう。ここに戦功を競い合う戦国武将の体質を垣間《かいま》見ることができる。

秀吉子飼大名清正

加藤清正は尾張《おわり》の人。桶狭間《おけはざま》の戦いの二年後にあたる一五六二年（永禄《えいろく》五）、尾張国愛智郡中村（現、名古屋市中村区）に加藤弾正《だんじょう》右衛門兵衛清忠の子として生まれた。幼名は夜《や》叉丸《しゃまる》。幼少のころ、父清忠は病死し、母の手一つで育てられる。のち、母とともに近江長浜の木下藤吉郎《きのしたとうきちろう》の家に客分《きゃくぶん》となる。この母は藤吉郎の母と従姉妹であると言われている。一五七七年（天正五）、十五歳となった夜叉丸は元服《げんぷく》し、虎之助清正と名乗り、藤吉郎に奉公する身となる。そして、一五八〇年（天

図4　加藤清正画像（勧持院所蔵）

正八)、播磨国神東郡《はりまのくにじんとう》で百二十石の知行《ちぎょう》を宛行《あてが》われることとなった。一五八三年(天正十一)四月、賤ヶ岳《しずがたけ》の戦いに参戦し、「賤ヶ岳の七本槍」の一人としてたたえられた。この戦功により、近江《おうみ》・河内《かわち》・山城《やましろ》に三千石の知行宛行を受けた。その後、一五八七年(天正十五)、肥後《ひご》国で検地反対一揆が起った。この一揆の原因は佐々成政《さっさなりまさ》の検地強行にある。この年、九州を平定し、九州の国分けを行った秀吉は、成政に肥後国を与えたさい、在地勢力の反発を考慮に入れ、三年間検地を猶予せよと指示した。それにもかかわらず、検地を強行したため、国一揆が起こった。一揆鎮圧後、秀吉は肥後の領主佐々成政の失政を責め、改易《かいえき》・切腹処分とした。これにより、肥後国は清正と行長に二分して与えられることとなり、一五八八年(天正十六)閏《うるう》五月、清正は肥後半国十九万四千九百十六石の知行を宛行われた。さらに関ヶ原《せきがはら》の戦いのあとの一六〇〇年(慶長《けいちょう》五)十月、徳川家康から天草《あまくさ》・球磨《くま》を除く肥後一国五十二万石の知行を宛行われることとなる。

このように清正は秀吉の全国統一にともなって、みずからも知行を拡大していったのである。秀吉子飼《こが》いの武将が大名となっていく例としては、清正とともに「賤ヶ岳の七本槍」の一人として知られる脇坂安治《わきさかやすはる》の場合をあげておこう。安治は一五六九年(永禄十二)、秀吉に仕え、食禄《しょくろく》三石の身分となった。そして、賤ヶ岳の戦いに参戦し、一五八三年（天正十一）六月、山城に三千石の知行宛行を受ける。一五八四年（天正十二）、小牧・長久手《ながくて》の戦いの戦功により、伊賀《いが》国支配を任せられ、一五八五年（天正十三）五月には摂津《せっつ》国能勢《のせ》郡の内に一万石の知行を宛行われ、同年八月、大和《やまと》国高取《たかとり》二万石の城主に移封され、さらに同年十月、淡路《あわじ》国洲本《すもと》三万石の城主に移封された。

また一柳直末《ひとつやなぎなおすえ》の場合を見ると、一五七〇年（元亀元）、秀吉に仕えた時、直末は二十五貫文（一貫文＝約一石）の知行であったが、一五七三年（天正元）、近江長浜で二百五十石宛行われ、秀吉の黄母衣衆《きぼろ》（側近）となる。一五八〇年（天正八）、三木《みき》城攻略・因幡《いなば》攻略に戦功をあげ、播磨姫路に二千五百石の知行加増を受けた。その後、一五八五年（天正十三）、美濃大垣二万五千石の城主となり、一五八九年（天正十七）には、美濃軽海西五万石の城主となっている。

つぎに清正と行動をともにした鍋島直茂の場合を見てみよう。直茂は龍造寺氏の家老であったが、秀吉が九州を制覇し、長崎を直轄地にするに及んで、一五八八年（天正十六）四月、長崎代官に抜擢された。これ以後、主家を抜いて事実上の取立《とりたて》大名となり、清正とともに朝鮮侵略に参戦することとなった。この時、直茂は明国に所領を得たいとの意向を懐いていた。直茂は秀吉の海外制覇によって、みずからの領域拡大をなしえたのであった。

このように、秀吉の子飼い大名も取立大名も好戦的となる。ここに秀吉の海外出兵について、以前から大名であった徳川・島津・毛利などとの取組み方の違いをみる。

咸鏡道支配と朝鮮王子の拿捕

咸鏡道への道のり

ソウル陥落《かんらく》のあと、日本の諸大名は協議して朝鮮八道支配の分担を定め、朝鮮全域への侵入をめざした。その分担とは、慶尚道《けいしょうどう》は毛利輝元《もうりてるもと》、全羅道《ぜんらどう》は小早川隆景《こばやかわたかかげ》、忠清道《ちゅうせいどう》は福島正則《ふくしままさのり》らの四国衆、江原道《こうげんどう》は毛利吉成《もうりよしなり》、京畿道《けいきどう》は宇喜多秀家《うきたひでいえ》、黄海道《こうかいどう》は黒田長政《くろだながまさ》、咸鏡道《かんきょうどう》は加藤清正《かとうきよまさ》、平安道《へいあんどう》は小西行長《こにしゆきなが》をそれぞれ主将とし、朝鮮農民からの年貢徴収、明《みん》への道筋の整備と秀吉の宿泊所の普請《ふしん》などを目的としたものであった。

清正には鍋島直茂《なべしまなおしげ》と相良長毎《さがらながつね》が与力《よりき》大名として行動をともにした。一五九二年（宣祖《せんそ》二十五）五月半ば、清正をはじめ、小西行長・黒田長政らの諸勢はソウルを発ち、それぞれ分担の支配地域に兵を進めた。

臨津江《りんしんこう》はソウルの北方約四〇キロの地点を流れる大河である。現在、南北休戦会談場となっている板門店《はんもんてん》はその先に位置する。朝鮮軍はこの大河をはさんで日本軍と対峙《たいじ》した。ここで日本軍は陣幕を焼いて撤退を装った。この策略に陥った朝鮮軍は日本軍を追撃しようとして渡河したところ、伏兵《ふくへい》に邀撃《ようげき》された。小船を手に入れた日本軍は朝鮮船を撃退し、臨津江渡河に成功した。

臨津江を渡河した清正らの日本軍は五月二十九日、開城《かいじょう》を陥《おと》した。ついで翌六月一日、開城の寺院を襲撃して兵糧《ひょうろう》を奪った。このあと日本軍は兵を北に進め、六月七日、黄海道宝山駅にいたった。ここで行長・長政勢は西北に道をとって平壌《へいじょう》に向かい、清正勢は道を東北にとって咸鏡道へ向かった。しかし、咸鏡道へは黄海・江原・咸鏡三道を境する難所である馬息嶺《ばそくれい》山脈を越えねばならず、清正にとって、それは未知のルートであった。たまたま、現地の民二人を捕らえた清正は、咸鏡道への道案内を命じた。そのうちの一人はそのルートは知らないと案内を拒んだため、清正はこれを斬り、あとの一人はやむなく案内することとなった。一行は剣を立てたような断崖を通り、兵糧不足に悩まされ、江原道と咸鏡道の境にあたる老人峠を越え、六月中旬、ようやく咸鏡南道安辺《あんへん》にたどり着いた。

図5　加藤清正・鍋島直茂勢の咸鏡道在番支配態勢

ここで早速兵糧収奪を行う。

在番支配と年貢収奪

安辺着陣後、ただちに清正は鍋島直茂の従軍僧である佐賀泰長院の是琢《ぜたく》に命じて、清正の名による咸鏡道百姓宛の告示文を漢文で書かせた。その内容は、①豊臣秀吉《とよとみひでよし》は朝鮮の国政改易のため、軍勢を派遣したが、朝鮮国王はソウルから退去した。しかし、われわれは朝鮮国王を誅罰《ちゅうばつ》しない。②われわれの行動を理解する朝鮮人には村々での安住を保障する。③日本は諸将を朝鮮八道に遣わしてこれを治めることとした。咸鏡道を治めるのは清正であり、道理にはずれることはない。朝鮮農民はすみやかに帰宅し農耕に励め、というものであった。

ついで清正は、安辺を清正の本陣、咸鏡南道の咸興《かんこう》を直茂の本陣とし、咸鏡南道の徳《とく》源《げん》・文川《ぶんせん》・高原《こうげん》・永興《えいこう》・定平《ていへい》・洪原《こうげん》を鍋島家臣団の番城、咸鏡南道の北青《ほくせい》・利城《りじょう》・端川《たんせん》、咸鏡北道の城津《じょうしん》・吉州《きつしゅう》を清正家臣団の番城とした。ここに咸鏡道在番支配の態勢が定められたのである。

この支配態勢について、清正は「道理にはずれることはない」とその告示文で明言していたが、その実態はどうであったのだろうか。それにつき、朝鮮側の記録は、咸鏡道の日本軍の勢いは他の地域より荒々しく、番城の部将と兵卒は民間から租税を毎日徴発し、要

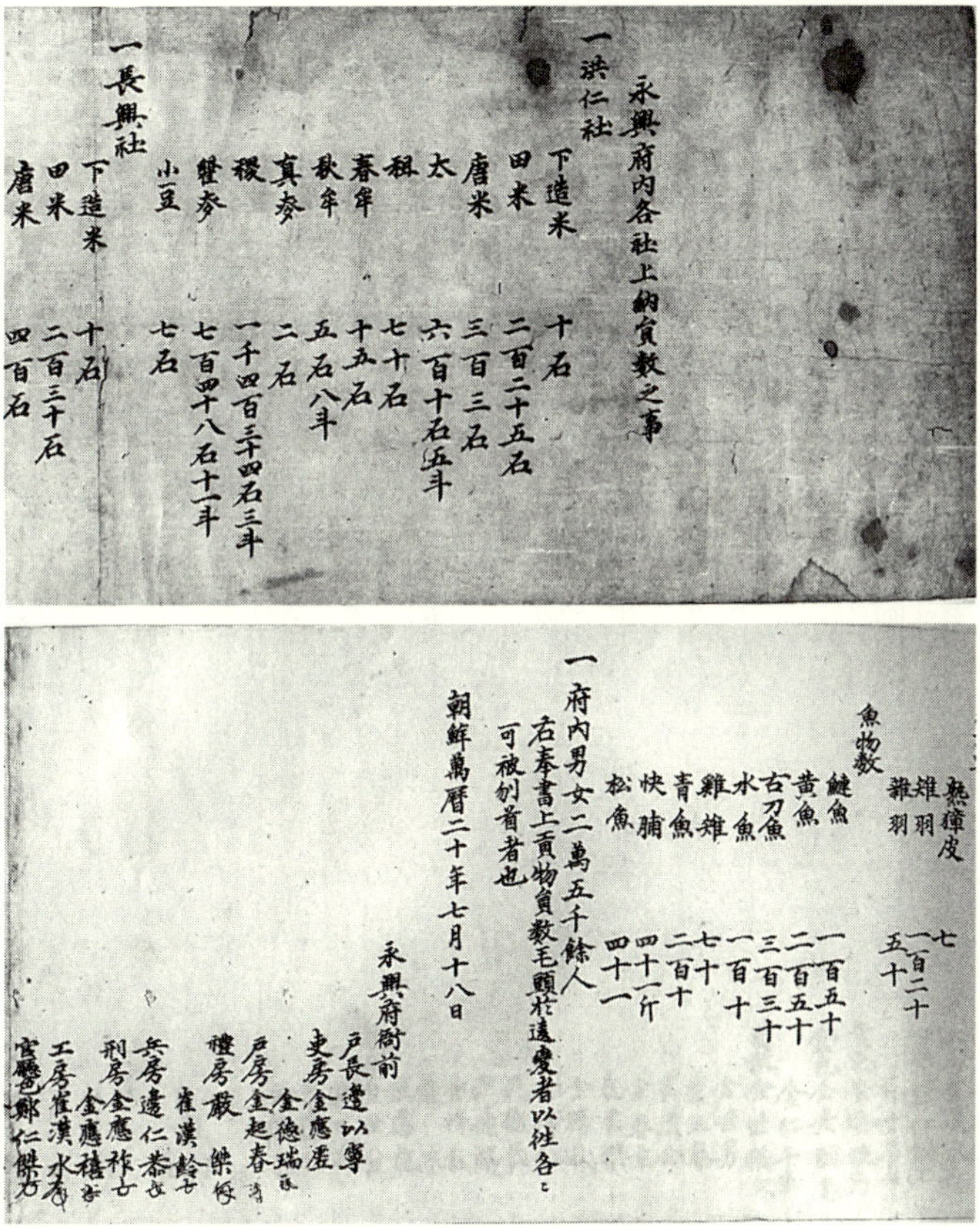

永興府内各社上納貢数之事
一洪仁社
下造米　十石
田米　二百二十五石
唐米　三百三石
太　六百十石五斗
租　七十石
春牟　十五石
秋牟　五石八斗
真麥　二石
稷　一千四百三十四石三斗
皮麥　七百四十八石十一斗
小豆　七石
一長興社
下造米　十石
田米　二百三十石
唐米　四百石

熟獐皮　七
雉羽　一百二十
雜羽　五十
魚物数
鰱魚　一百五十
黄魚　二百五十
古刀魚　三百三十
水魚　一百十
雜雉　七十
青魚　二百十
快脯　四十一斤
松魚　四十一
一府内男女二萬五千餘人
右奉書上貢物負数毛頭於遠處者以往各々
可被刎着者也
朝鮮萬暦二十年七月十八日
永興府衙前
戸長　邊以寧
吏房　金應崔
戸房　金德瑞
金起春
禮房　嚴樂
崔漢齡
兵房　邊仁恭
刑房　金應禧
工房　崔漢水
官廳色　鄭仁傑

図６　『朝鮮国租税牒』（永興地域の部分、前田育徳会尊経閣文庫所蔵）

害に伏兵を置き、他の村々への通行はままならず、いたるところで殺戮《さつりく》を繰り広げているという。また、鍋島直茂家臣の日記は、村役人を呼び出し、年貢の員数を書き上げさせ、人質をとって牢に入れ、その人質と引き替えに年貢を取ったと記している。この時、鍋島勢が作成した指出帳《さしだしちょう》（租税額の申告書）が、前田育徳会尊経閣文庫と徳川林政史研究所に現存している。それは『朝鮮国租税牒《ちょう》』と題され、鍋島勢が在番した咸興・徳源・文川・永興・定平・洪原それぞれの産物を書き上げ、末尾に各地域郷吏の氏名を同一の筆跡で書き、略押を記させたものである（記していないものもある）。さらにこの『租税牒』には、書き上げた産物の数量の記述に偽りがあれば、首を刎《は》ねられても文句はいわない旨の誓約文がある。このような支配と収奪の仕方は清正家臣が在番した地域でも同様であった。咸鏡北道の境に近い端川、そこには清正家臣九鬼広隆《くきひろたか》が在番した。清正は広隆に、端川地域の郷吏を召出し指出を徴収し、年貢を点検して兵糧米を確保せよと厳命している。この場合、清正は朝鮮の量制と日本の量制の違いについて注意をうながしている。それは朝鮮の一石《いっせき》は十五斗、一斗は十三升であり、日本の一石《いっこく》は朝鮮枡の四石《よんせき》五斗に相当するというのである。ここに、在地支配のさい、両国の度量衡《どりょうこう》の相違にまで気を配った清正の几帳面さが垣間見られる。この清正家臣担当地域の『租税牒』は現存していないが、鍋島支配下と同じ事態と見てさしつかえない。

かくして咸鏡道在番支配はこのような形で進行したが、清正は「咸鏡道農民は拙者を待ちかねていたようであり、彼らをそれぞれの家に落ち着かせ、掟《おきて》をきびしく申しつけた」と名護屋《なごや》に報告している。

銀山採掘と秀吉への献上

九鬼広隆が在番した端川には銀山があった。清正は名護屋に、①端川に銀山があった。端川在番奉行広隆が銀子《ぎんす》三十枚（大判、一枚＝四十三匁）を吹きあげたので、秀吉のもとへ進上すること、②日本の銀山よりも良質のようであること、③朝鮮は明《みん》に銀山を隠し、人を入れなかったので、現地の銀製錬職人がいない。そのため、不出来ではあるが、これからも重ねて進上すると報告書をしたためた。そして清正は、銀子三十枚とこの報告書を家臣飯田角兵衛《いいだかくべえ》に持たせて名護屋へ遣わした。

清正らが銀山の存在を知ったのは、おそらく郷吏に産物を書き上げさせたことによるものであろう。ところで「朝鮮は明に銀山を隠した」とはどのようなことであろうか。明を宗主国とする朝鮮は、自国に銀山のあることが明に知られれば、銀を献上せねばならず、銀山の存在を隠したのであった。清正の書状によると、朝鮮の銀製錬職人がいないとあり、おそらく清正配下のものが銀を製錬したのであろう。いずれにせよ、銀の採掘も清正の戦功であった。

海汀倉の戦い

端川の在地支配を九鬼広隆にまかせた清正は、咸鏡南道と北道を境する磨天嶺《まてんれい》を越えた。越えたところは城津《じょうしん》である。ここには咸鏡北道兵使（兵使とは兵馬節度使《せつどし》の略称。一道の兵馬を統轄する常設の武官職。従二品《じゅうにひん》）韓克誠《かんこくかん》が関北六鎮（関北は咸鏡北道磨天嶺以北。関北六鎮は、李《り》朝が女真《じょしん》に備えた穏城《おんじょう》・慶源《けいげん》・鍾城《しょうじょう》・慶興《けいこう》・会寧《かいねい》・富寧《ふねい》）の兵を率い、磨天嶺を死守して、北進をはかる清正勢を阻止しようとした。七月十八日（日本暦十七日）、海汀倉《かいていそう》（現、咸鏡北道城津市）で両者は激突した。韓克誠の兵は入れ替わり立ち替わり騎射を加えた。このため、清正の兵は兵糧倉に身を避けた。翌十九日（日本暦十八日）、清正勢は穀物の俵を並べて砦《とりで》とし、迫り来る韓克誠の兵に銃撃を加えた。これにより韓克誠の兵は一挙に潰れ、韓克誠は逃れた。この戦いに勝利した清正は家臣近藤四郎右衛門《こんどうしろうえもん》・安田善介《やすだぜんすけ》らに城津在番を命じた。

海汀倉の戦いで韓克誠を破った清正は、吉州→明川《めいせん》→鏡城→富寧と咸鏡北道の海岸線に沿って兵を進め、七月二十四日（日本暦二十三日）、豆満江《とまんこう》の東に位置する会寧に至った。

これより先、会寧では土官（咸鏡道・平安道で道内の人に限って任用された官職）鎮撫鞠景仁《きくけいじん》ら朝鮮国家に恨みをもつ叛民が、会寧に逃げ込んだ朝鮮王子臨海君《りんかいくん》・順和君《じゅんわくん》一行を捕縛していた。この二人の王子は咸鏡道と江原道に勤王の兵を求めて行動したのであった。臨海君は前左議政金貴栄《きんきえい》・咸鏡道観察使（一道の行政首職、兵権も掌握。従二品）尹卓然《いんたくぜん》らを従えて咸鏡道へ、順和君は前兵曹判書（朝鮮の中央官制は議政府＝内閣があり、その下に吏曹・戸曹・礼曹・兵曹・刑曹・工曹の六曹あり。その長官が判書。正二品《しょうにひん》）黄廷彧《こうていいく》・前承旨（国王の秘書官）黄赫《こうかく》らを従えて江原道へ向かった。しかし、清正の咸鏡道侵入により、臨海君一行は磨天嶺を越えて会寧に至った。また、順和君一行は毛利吉成の日本軍が江原道に侵入したことにより、咸鏡道へ逃げ、臨海君一行と合流し、従者四～五十人を引き連れて会寧に至ったのである。朝鮮王子が咸鏡道の奥地へ逃げ込んだことについて、清正は咸鏡南道でその噂を耳にし、昼夜の境なく、手を分けて捜索したのであった。

王子を捕らえた清正

王子一行を捕らえた鞠景仁は、その旨を書状をもって清正に通報し、帰順した。これにより、七月二十四日（日本暦二十三日）、清正は会寧に至った。清正は王子が本物かどうかを確認しようとして、危険もかえりみず強引に会寧城に入った。城中の一部屋に両王子とその夫人、女官、従臣の金貴栄・黄廷彧・黄赫から奴婢《ぬひ》に至るまで、縛り上げられ、器物を積み上げるように押し込められていた。清正は鞠景仁を責め、「これは汝の国の王子とその宰臣ではないか。どうしてこのような困辱を加えるのか」といい、縄を解き、軍中に迎え入れ、食事を与えて厚遇した。

叛民の温床咸鏡道

清正の咸鏡道侵入を契機にして、この地域では朝鮮国家への叛逆者が続出していた。そのいくつかの事例をあげれば、七月中旬、咸鏡道明川の土官鄭末守《ていまつしゅ》と鏡城の土官鞠世弼は鏡城判官（鏡城の地方行政職の一つ、従五品《じゅうごひん》）李弘業を捕らえ清正のもとに送ったことがある。また、先に海汀倉の戦いで敗走した咸鏡北道兵使韓克諴が女真集落へ遁入したところ、女真は韓克諴を受け容れず、克諴を慶源の民家に送り、克諴は日本軍に捕われたことがある。さらに前咸鏡道観察使柳永立《りゆえいりつ》は山峡に遁入したが、それを知った叛民は日本軍にこれを告げ、柳永立は捕らわれの身となったことなどがある。

一方、咸鏡南道でも、鍋島直茂本陣のある咸興の下級役人陳大猷《ちんだいゆう》が自分の娘を日本軍に与えてその密偵となり、義兵を起こそうとするものを密告していたことがある。また咸鏡南道甲山《こうざん》（咸鏡北道に接した山奥）に遁入した咸鏡南道兵使李渾《りこん》は叛民に殺され、その首級は清正の軍門に送られたことなどがある。

それではこのように国家に叛旗をひるがえし、朝鮮王子一行を差し出して清正の傀儡《かいらい》となるような事態がなぜ咸鏡道で起こったのだろうか。それは咸鏡道の地域的特質に求められよう。

その第一は朝鮮国家の中央から派遣された官僚と女真を含む在地勢力との軋轢《あつれき》である。ここで女真族について簡単な説明を加えておこう。女真とは中国東北部に居住するツングース系民族をいう。十二世紀、女真民族は統一国家である金《きん》を建国したが、十三世紀、モンゴルに滅ぼされた。十五世紀初頭、明朝の永楽帝がモンゴルの残存勢力を一掃した。これにより女真人は明に服属するようになった。明は女真部族の有力首長に官職と朝貢・交易の特権を与えて懐柔策を取った。その後、女真は建州女真・海西女真・野人女真の部族に分かれ、やがて建州女真の首長ヌルハチが後金国を建て、清《しん》朝を樹立することとなる。

この女真が高麗《こうらい》時代から咸鏡北道の奥地に住みつき、貂《てん》皮などの土産物を朝鮮にもたらし、朝鮮から穀物・布などを入手するようになった。そして、この交易要求が満たされないと叛乱を起こし、在地の朝鮮民族と結んで一つの在地勢力を形勢するようになったのである。このため、朝鮮国家中央から派遣された官僚は在地勢力の有力者を地域支配の末端に土官として取り立てた。その場合、中央からの官僚は、まず在地勢力の懐柔策を取るが、それが行き詰まるや、強圧的な支配に乗りだした。このことが中央政府に対する在地勢力反感の温床となったのである。

第二は、咸鏡道は平安道とならんで流刑《るけい》・左遷《させん》の地域であり、中央に不満を抱く流刑人・左遷人が在地勢力に加わって、中央政府への反感がさらに強固なものとなった。

第三は、平安道とならんで、咸鏡道出身者は科挙《かきょ》の試験に合格しても、官職には登用されなかったことである。官職は忠清・全羅・慶尚三道の両班《ヤンバン》門閥出身たちが事実上独占しており、咸鏡道の有力土豪層の間にも、鬱々とした中央政府への反感がわだかまっていた。

このような咸鏡道は、清正の目には「日本にては八丈が嶋、硫黄が嶋などの様なる流罪人の配所（中略）帝王は我々為には代々の敵」と映った地域であった。この咸鏡道に朝鮮王子一行が入ったため、明州・吉州あたりの民が、王子の行先を所々に掲示して、清正にも叛逆者にも分かるようにしてしまったのである。

清正のオランカイ侵入

鞠景仁から朝鮮王子一行を受け取った清正は、七月末、王子らに検番をつけ、会寧から豆満江を渡河し、女真族の居住地オランカイに入って、局子街《しがい》（現、中国吉林省延吉《きつりんしょうえんきつ》）一帯に十三ほど点在する女真の城塢《じょうお》（砦）を火攻めにした。女真も四方から清正勢を邀撃し、清正の側にも多数の死傷者が出た。このあと清正は豆満江を渡って咸鏡北道鍾城に至り、ついで豆満江に沿って穏城・慶源・慶興を叛属させ、豆満江の河口西水羅《せいすいら》で咸鏡北道兵馬節度使韓克誠を捕らえた。そして八月二十二日（日朝同暦）、咸鏡北道鏡城に帰陣した。

その後、清正は本陣の安辺へ帰陣し、咸鏡道支配とオランカイの様子について、秀吉のもとへ報告している。それによれば、①オランカイから明へのルートを探ったが、オランカイは朝鮮の二倍ほどの広さがあり、ここから明へ入るには韃靼国《だったん》（モンゴル地域）を通らねばならず、それは無理であること、②オランカイは畠地ばかりで雑穀しか穫れず、兵糧米が手に入る見込みはないこと、③オランカイには日本の守護のような統率者はおらず、伊賀者・甲賀者のように要所要所に砦を構え、まるで一揆国のようである、という。

これによると、清正のオランカイ侵入の目的は明へ進撃するルートを見極めることであったといえよう。もっとも清正はオランカイへ向かう前、会寧から浅野長政《あさのながまさ》に書状を送り、朝鮮王子を捕らえたことを伝えるとともに、咸鏡道は良い処であるが、オランカイの立地条件は悪く、このルートから明に侵入することは無理であるとみなし、清正としては平安道ルート担当を望む旨を伝えている。そして実際にオランカイへ入ったところ、その予測は現実のものとなった。したがって、秀吉のもとへの報告には、さらに、①咸鏡道は静謐《せいひつ》であり、朝鮮農民からの年貢収取はとどこおりなく行われていること、②それに比べ、行長の担当する平安道は在地支配が行き届かず、朝鮮官人から農民にいたるまでが山に立て籠るなど、不穏な情況となっていること、③明へのルートにあたる平安道がこのような情況では、秀吉の明への御動座《ごどうざ》は無理だという行長らの報告があったと聞くが、清正としては、その報告にいっさい関わっておらず、秀吉の動座のためには、朝鮮国中を咸鏡道のように静謐にすれば問題はないと、行長を批判している。ここにも清正は咸鏡道よりも、明へのルートである平安道へ先頭となって進むのを望んでいたことが知られよう。

義兵の反撃と咸鏡道撤退

咸鏡北道義兵の決起

靖国神社《やすくにじんじゃ》に「北関大捷碑《ほっかんたいしょうひ》」と銘された石碑があった。この碑文はもともと咸鏡北道吉州牧臨溟駅《かんきょうほくどうきっしゅうぼくりんめいえき》に建っていたものであった。それを日露戦争直後の一九〇五年（明治三十八）、北韓進駐軍司令官後備第二師団長三好成行《みよししげゆき》中将が、この碑文は日本・朝鮮両国民の感情を害するものとして撤去し、それを凱旋《がいせん》の土産として振天府《しんてんふ》（明治天皇の意志によって日清《にっしん》戦争および台湾《たいわん》の役《えき》の戦利品を陳列するために皇居内に設けた施設）に献上するため東京に運ばせ、その後、靖国神社に置かれることとなったものである。それから一世紀たった二〇〇五年（平成十七）秋、この碑文は韓国に返還され、しばらくソウルの景福宮《けいふくきゅう》に置かれていたが、二〇〇六年（平成十八）三月一日、

図7　「北関大捷碑」（表面）

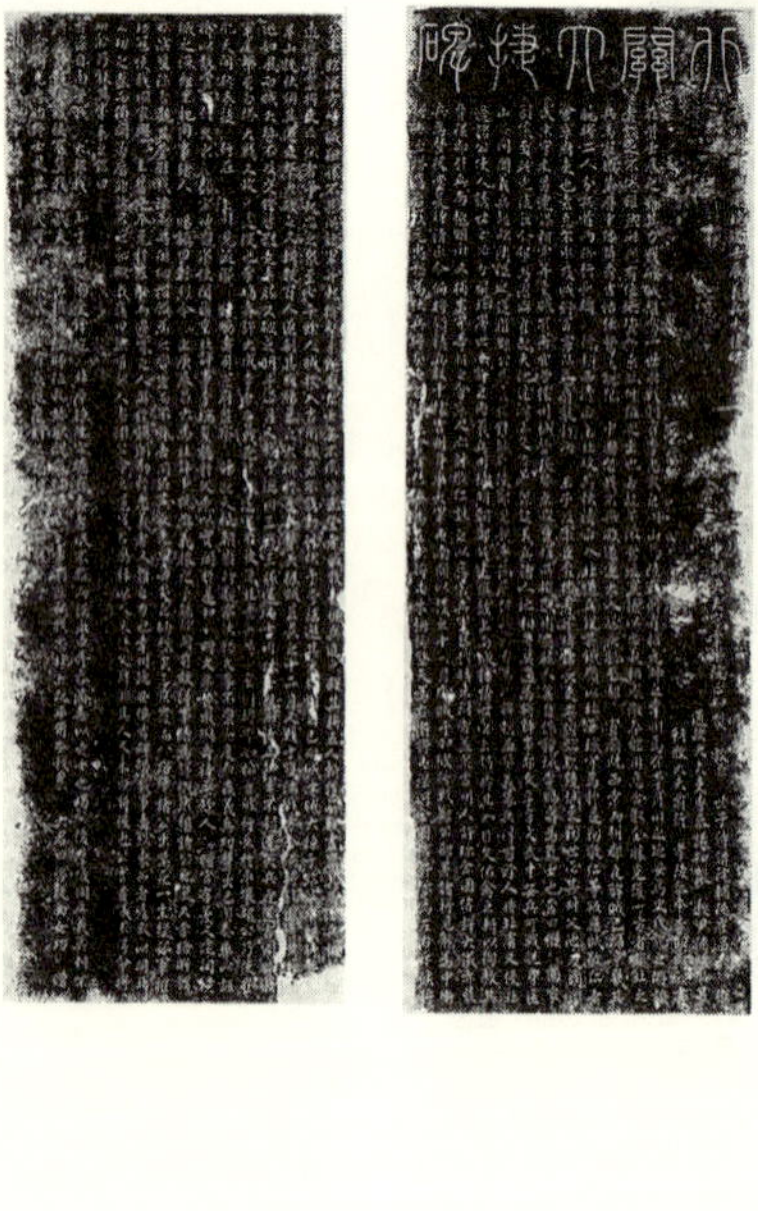

図8　「北関大捷碑」拓本
（右は表面、左は裏面）

北朝鮮に引き渡されて、元の所在地である吉州に復元されることとなった。

この碑文は豊臣秀吉《とよとみひでよし》の第一次朝鮮侵略のさい、①加藤清正《かとうきよまさ》が咸鏡道を支配したこと、②鞠景仁《きくけいじん》・鞠世弼《きくせひつ》ら咸鏡道の地方下級役人が清正の傀儡《かいらい》となったこと、③咸鏡北道評事鄭文《ていぶん》孚《ふ》が義兵将になり、傀儡者を討って決起したこと、③咸鏡北道義兵は端川《たんせん》・吉州の在番する清正家臣加藤清兵衛（別名、本山安政《もとやまやすまさ》）らを攻撃し、退却させた経緯を記している。

それでは清正の咸鏡道支配への反撃とはどのようなものであったのか、それに目を移そう。

先にあげた天正《てんしょう》二十年九月二十日付で清正が秀吉のもとへ宛てた報告の中で、咸鏡道は静謐《せいひつ》で支配は行き届いている旨を述べたが、この頃、清正の咸鏡道支配への反撃はひそかに進行していた。

オランカイから咸鏡北道に帰陣した清正は、吉州に家臣加藤清兵衛・片岡右馬允・加藤伝蔵・永野三郎兵衛・原田五郎右衛門・天野助左衛門・山口与三右衛門を守将として、千五百の兵を留め、この番城を清正家臣団在番の北限とした。そして明川《めいせん》以北の穏城・慶源・鍾城・慶興・会寧・富寧・鏡城・明川八鎮の地域は地質が悪く、物産が乏しいため、これを放棄し、鞠景仁・鞠世弼・鄭末守らの叛民の首領に官職を授けて管理させた。彼らはこれらの鎮城を拠点とし、咸鏡北道の守令（地方官人）を捕らえた。ここに咸鏡北道は恐怖のどん底に陥った。ただ、咸鏡北道評事（評事とは兵馬評事の略称、兵衛職の一つ、咸鏡・平安両道のみに置かれた。正六品《しょうろっぴん》）鄭文孚は、その人望の厚さもあり、鏡城《きょうじょう》の儒生《じゅせい》（儒者）池達源《ちたつげん》の家に匿《かく》れることができた。

ちょうどこのころ、明《みん》側にあらたな動きがあった。一五九二年（宣祖《せんそ》二十五）七月、遼東鎮撫《りょうとうちんぶ》（明の地方軍営である遼東都司の鎮撫使〈地方の乱民をおさえ安定させる〉）は副総兵祖承訓《そしょうくん》率いる明軍を朝鮮救援に向けたのである。戦功にはやる祖承訓は小西行長の拠る平壌《へいじょう》攻撃に失敗したものの、明軍のいち早い救援態勢がもたらした影響は大きかった。このあらたな事態に対処するため朝鮮在陣の日本の諸将は軍評定《ひょうじょう》を開くが、これについてはのちに触れることとする。

明軍救援の知らせは咸鏡道にも届き、それは義兵決起の引き金となった。同年九月、明軍の救援を知った鏡城の儒生李鵬寿《りほうじゅ》・崔配天《さいはいてん》らは鄭文孚を尋ね、兵を起こして叛賊を討つことを願った。文孚は欣然《きんぜん》としてこれに応じ、推戴《すいたい》されて義兵将となった。そして鍾城府使鄭見龍《ていりゅうけん》と慶源府使呉応台《ごおうだい》が次将となり、周辺の守令辺将および土兵壮士数百人が文孚のもとに結集した。

九月十六日（日本暦十五日）、決起した義兵はまず鏡城に迫った。鏡城とその領域は叛民首領の一人の鞠世弼が支配していた。義兵迫るや、世弼は敵せざるものと悟り、鏡城を明渡して官衙《かんが》の印を文孚に渡した。意気あがる義兵は鏡城から南下し、明川に迫り、明川を支配する鄭末守を斬った。また会寧では民衆が鞠景仁を誅戮《ちゅうりく》し、義兵に呼応した。さらに吉州でも吉州住人の許珍《きょちん》・金国信《きんこくしん》・許大成《きょだいせい》らが兵を聚《あつ》めて文孚に呼応した。

一方、加藤清兵衛を守将とする吉州在番衆は、鏡城が義兵の手に陥ちたと聞き、鏡城を偵察した。これを前鏡城万戸（武官職の一つ。従四品《じゅうしひん》）姜文佑《きょうぶんゆう》の率いる義兵が撃退した。これを契機に、咸鏡北道における抗日義兵闘争が展開するのである。

咸鏡南道義兵の決起

鍋島直茂《なべしまなおしげ》の支配する咸鏡南道でも、北道と同じような情況が進行していた。先にも述べたように、直茂の密偵となった叛民は、義兵決起を企てるものがいれば、これを日本軍に密告した。このため、人々は戦々慄々《せんせんりつりつ》となっていた。このような状況のもとで、儒生の金応副《きんおうふく》が咸鏡道観察使尹卓然《いんたくぜん》に会い、義兵の決起を促したが、卓然は応副を密偵ではないかと疑い、相手にしなかった。そこで儒生の李希《りき》禄《ろく》が、ふたたび卓然に会い、人心は国の恢復《かいふく》を望んでおり、日本軍を伐《う》つべきであると説得した。そして、咸興の武官柳応秀《りゅうおうしゅう》・李惟一《りいいつ》らを義兵将に推薦した。ここで卓然は義兵決起に同意したのである。

一五九二年（宣祖二十五）十月中旬、柳応秀らは直茂本陣のある咸興北方の集落高遷社《こうせんしゃ》に義兵を結集した。義兵らは、先に「朝鮮国租税牒」の作成に協力し、日本軍の傀儡となった民族の裏切り者を血祭りにあげて決起した。咸興を襲撃した義兵は、いったん、山中に引き籠り、翌日、直茂家臣成富茂安《なるとみしげやす》の在番する洪原に襲撃を加え、咸興へ転じ、在番衆五十人ほどを討ち取った。そして義兵は咸興の西の大山に立て籠った。咸興の在番兵がこの義兵鎮圧に向かったところ、素朴な弓矢を武器とした民衆数万人が蜂起し、ここに咸鏡南道の抗日義兵闘争が展開した。

清正家臣の吉州籠城

十月末より鄭文孚率いる義兵は吉州に在番する日本軍攻撃にかかる。鄭文孚は吉日を選んで出兵しようとした。そのさい、義兵らは「吉州の日本軍を討つ前に、その傀儡となったわが国の叛民が未だに陣中にいる。まず、これを誅すべきである」と文孚に申し入れた。文孚は鞠世弼ら十三人を斬刑に処し「首謀者はこの輩である。その他、陣中に捕えたものは首謀者でない」と宣言し、仲間同士で争わないよう配慮した。

このころ、吉州城の在番衆は城の周辺に兵を出して放火と掠奪《りゃくだつ》を重ね、その一部隊は吉州の北方に位置する明川にまで進み、放火と掠奪を行っていた。十一月十五日（日朝同暦）、鄭文孚率いる義兵は明州《めいしゅう》を放火掠奪した吉州在番衆の帰路を待伏せ、吉州城の東に位置する長徳山でこれを敗った。この戦いで吉州守将の一人、山口与三右衛門らが戦死した（吉州長坪《ちょうへい》〈長徳山〉の戦い）。余勢を駆って義兵らは吉州城に迫ったが、吉州城に逃げ帰った在番衆は城門を閉じて外に出ず、防禦を固めた。これにより文孚らの義兵は吉州城を囲むこととなり、吉州在番衆は食糧・燃料の調達もできず、ここに吉州の籠城が始まった。また、吉州城包囲と平行して、義兵の一隊は清正家臣の在番する南道の端川・利城をも襲撃した。これにより、端川の在番衆数十人が戦死している。事、ここに至って、咸鏡北道における日本軍の拠点吉州城は孤立した。その反面、叛民の拠点となっていた関北六鎮（穏城・慶源・鍾城・慶興・会寧・富寧）の民衆は落ち着きを見せるようになった。

吉州城は孤立したが、咸鏡北道にはもう一つ日本軍の番城《ばんじろ》があった。咸鏡南道と北道を境する磨天嶺《まてんれい》の東に位置する城津《じょうしん》である。先にも述べたように、ここには近藤四郎右衛門らを守将とした清正家臣団が在番していた。城津の在番衆は吉州が義兵に囲まれたことを聞き、吉州城と連絡をとろうとした。そして約四百名ほどの在番兵が、城津の東に隣接する双浦《そうほ》から臨溟《りんめい》の集落に侵入し、放火と掠奪を重ねながら臨溟駅（吉州と城津の中間を流れる臨溟川河口付近）に向かおうとしていた。この情報を得た鄭文孚は、吉州土兵金国信を伏兵将として配置し、十二月十日（日朝同暦）、双浦から臨溟一帯でこの在番兵を撃退した（吉州双浦〈臨溟〉の戦い）。

清正の番城死守命令

北道義兵の蜂起に遭遇した吉州在番の加藤清兵衛、端川在番の九鬼広隆《くきひろたか》らは、当然のことながら、安辺《あんへん》の清正に急を告げ、救援を要請した。これに対し清正は、ただちに端川・吉州の番城を救援することは不可能であり、来年春まで番城を死守せよと指示したのであった。その理由は端川在番の九鬼広隆に送った清正の書状に詳しい。それによれば、

第一に、清正自身が北道救援に赴けば、本陣安辺の防備に兵力を分割することとなり、北道へ出陣できる兵力は三千にも満たなくなる。さらにその約半数は寒さのため悴《かじ》けてしまっているという兵力不足によるものであった。

第二に、清正は朝鮮王子を捕らえているため、清正自身が王子を安辺に置いて北道へ出陣することできず、清正がもし王子を召し連れて北道へ出兵した場合、王子護衛の兵力を必要とすることとなり、実際に北道救援に役立つ兵力は千人にも満たなくなる（三千人のうち半数にあたる千五百人程は悴け、残り約千五百人のうち五百人程を王子の護衛、残り千人程

が北道救援）。さりとて王子を連れて北道へ出陣することもできない（にわかに出陣して王子を逃せば、元も子もなくなる）ということであった。戦功の証《あかし》として捕らえた朝鮮王子の存在が清正の行動の足枷となったのであった。

そして、来年春まで吉州・端川の番城を死守する方策としては、

第一に、端川の番城が吉州と同じように義兵軍に囲まれた場合、決して城外へ出ないこと。年明けか、清正からの指示があるまで守城するのが肝要であるという。

第二に、義兵軍が番城を攻めた場合、城際に引き寄せて打ち取り、深追いは禁物であること。

第三に、たとえ朝鮮農民が端川へ年貢納入に来ても、城中に入れず、門外で請け取ること。

第四に、万一、吉州と城津の番城を保つことができない場合、それを放棄し、端川に兵力を集中し端川の番城を守ること。

第五に、兵糧は三〜四ヵ月の間、雑穀に至るまで兵力数に応じて配分し、馬糧も同じように計画し、来春まで持ちこたえること。

第六に、朝鮮農民が心をかえ、年貢納入にきた場合、雑穀でもよいから請け取れ、とい

うことであった。

ここに吉州・城津・端川の在番衆にとって、寒さと空腹におそわれる長い長い冬の籠城が続くのである。

朝鮮奉行の撤退命令

一五九二年（宣祖二十五）十二月二十日、咸興《かんこう》在陣の鍋島直茂は家臣下村《しもむら》生運《しょううん》をソウルの朝鮮奉行《ぶぎょう》のもとに派遣した。直茂とすれば、明軍の朝鮮救援の風聞もあり、咸鏡道の様子を報告する用件もあったのであろう。生運は鉄炮衆《てっぽうしゅう》を率いて出発し、翌年正月十日以前にソウルへ着いた。

生運から咸鏡道の様子を聞いた増田長盛《ましたながもり》らの朝鮮奉行は、一月十日付で咸鏡道の情況と清正の動向を秀吉のもとに報告した。それは、①清正が支配する咸鏡道では、去年十月ころより一揆《いっき》（義兵）が蜂起した。清正は要所要所に番城を配置しており、その最先端の吉州城には七人の守将を任命し、三千人ほどの守備兵を置いた。②昨年冬、この吉州城に義兵が攻撃をかけ、守備兵の半数が戦死した。また、端川の銀山に配置していた守備兵四〜五十人が討たれた。その後、清正および直茂のもとから救援兵を派遣したが、音信不通となった、というものであった。

吉州籠城の前後、戦局全体は大きな変化をみせていた。その一つが一五九三年（宣祖二十六）一月初旬、小西行長の平壌敗北である。前年七月、行長らは祖承訓らの遼東軍を撃退したが、今回は提督李如松《りじょしょう》率いる明の大軍が平壌を攻略したのである。さらにもう一つは、一五九二年（宣祖二十五）十月、細川忠興《ほそかわただおき》らが慶尚道晋州《けいしょうどうしんしゅう》城攻略に失敗したことである。晋州城は慶尚道における朝鮮軍の拠点とみなされていたのである。慶尚道義兵はソウル・釜山《ふざん》のルートを遮断し、ソウル在陣の日本軍は動きがとれなくなっていた。石田《いしだ》三成《みつなり》・大谷吉継《おおたによしつぐ》・増田長盛の朝鮮三奉行は清正をソウルに呼び戻し、彼にソウル・釜山ルートの義兵を鎮圧させようとしたのである。そして朝鮮三奉行は清正呼び出しの任務を江《こう》原道金化《げんどうきんか》に在陣する島津義弘《しまづよしひろ》に命じた。これにより島津家家臣敷根《しきね》仲兵衛《ちゅうべえ》・猿渡掃部《さるわたりかもんのひょう》兵衛《え》が三奉行の書状を清正のもとへ届けた。それは一五九三年（宣祖二十六）一月初旬のことである。

端川・吉州籠城家臣救出

朝鮮三奉行の指示に接した清正は、直茂の本陣咸興へ行き、三奉行の指示と端川・吉州救援をめぐって直茂と対策を練った。直茂は三奉行の指示を優先したためか、端川・吉州の籠城衆を見捨てるべきであると主張した。もちろん清正は自分の家臣を見捨てることはできなかった。この結果、一月十二日（日本暦十一日）、清正は端川在番の九鬼広隆らに撤兵命令を出した。

それは、①清正は咸鏡北道義兵鎮圧のため、端川・吉州救援に向かおうとしたところ、朝鮮三奉行から、ソウル・釜山間を遮断する慶尚道義兵鎮圧の指示が出た。②清正としては、端川・吉州に向かいたいのだが、鍋島直茂がこれを押しとどめた。このため、迎えとして、佐々平左衛門《さつさへいざえもん》・庄林隼人佐《しょうばやしはやとのすけ》・松下小右衛門《まつしたこえもん》を派遣するというのである。

かくして一月十五日（日本暦十四日）、清正家臣佐々平左衛門・庄林隼人佐・松下小右衛門・小代下総守《こしろしもうさのかみ》、それに直茂勢から龍造寺七郎左衛門家晴《りゅうぞうじしちろうざえもんいえはる》・成富十右衛門茂安・龍造寺又八郎・本告左馬助《ほんこくさまのすけ》・藤井久兵衛・葉次郎右衛門《ようじろうえもん》・水町弥太右衛門《みずまちやたえもん》らが端川・吉州救援に向かった。

このころ、端川には九鬼広隆・加藤与左衛門《よざえもん》・出田宮内《いでだくない》・井上大九郎《いのうえだいくろう》を守将とした約五百の兵が籠っており、兵糧《ひょうろう》と燃料不足に陥った端川守備兵は周辺の集落からの掠奪を重ねていた。この日本軍と対峙《たいじ》していたのは端川郡守（朝鮮各道のもとにある郡の行政首職。従四品）姜燦《きょうさん》と高嶺僉使《こうれいせんし》柳擎天《りゅうけいてん》であったが、姜燦と柳擎天配下の兵はおびえて、これを撃退することができなかった。このため姜燦は吉州を包囲する鄭文孚に応援を求めた。ここで文孚は、吾村権管《ごそんけんかん》（朝鮮各鎮の武官職の一つ。従九品）具滉《ぐこう》を第一隊将、鍾城《しょうじょう》府使朴《ぼく》銀柱《ぎんちゅう》を第二隊将、造山万戸印元忱《いんげんしん》を第三隊将、斜卩洞《しゃせつ》権管高敬民《こうけいみん》を第四隊将として、端川へ派遣した。応援隊は一月十日（日本暦九日）、吉州の多信里《たしんり》を発ち、二十二日（日本暦二十一日）、端川に至り姜燦の軍と合流した。翌二十三日（日本暦二十二日）早朝、朝鮮義兵隊は伏兵《ふくへい》を配置して、端川から偵察に出た日本軍を討った。しかし、この時、佐々平左衛門ら清正・直茂の派遣した救援隊が端川に到着しており、戦いの結果、北道義兵は敗走した（端川の戦い）。これにより、吉州救援に向かう佐々平左衛門らは、一月二十七日（日本暦二十六日）に磨天嶺を越えて近藤四郎右衛門《こんどうしろううえもん》・安田善介《やすだぜんすけ》ら城津《じょうしん》の在番衆と合流することができた。

佐々平左衛門らの救援隊が磨天嶺を越えたとの通報はただちに鄭文孚のもとに届いた。これを聞いた文孚は三千余りの兵を率いて、吉州の南にあたる臨溟駅に駐屯し、伏兵を配置した。そして二十八日（日本暦二十七日）、決戦の火ぶたがきられた。戦いは辰の刻（午前八時）から酉《とり》の刻（午後六時）あたりまで続き、吉州・臨溟の中間に位置する白塔郊《はくとうこう》が激戦の地となった。吉州に籠城する日本軍も、開門して、文孚の北道義兵を挟撃《きょうげき》した。この戦いで朱乙温万戸李希唐《りきとう》・鏡城前訓導（地方行政官の一職。従九品）李鵬寿《りほうじゅ》ら文孚の股肱《ここう》の臣《しん》が戦死した。このため文孚ら明川に退守することとなり、ここに佐々平左衛門らは吉州城内に血戦入城することができた（吉州白塔郊の戦い）。救援隊は吉州城内に散在する兵卒の屍を収容して、これを焼いた。そして翌二十九日（日本暦二十八日）払暁《ふつぎょう》、日本軍は吉州城内の建物に火を放って撤退した。

佐々平左衛門らが籠城軍救出に向かっていたころ、朝鮮奉行から清正のもとに再度の撤退命令が出ていた。それは前年十二月二十日、直茂の使者としてソウルの朝鮮奉行のもとに赴いた下村生運《しもむらしょううん》がもたらしたものである。生運が咸鏡道へ戻るにあたって、朝鮮奉行は咸鏡道撤退命令を生運に申し渡し、増田長盛と大谷吉継は、それぞれ直茂宛の書状を託した。その書状の中で長盛は、①咸鏡北道における清正の敗北は周知の事実であるが、清正は咸鏡道は靜謐であるといい、朝鮮奉行招集によるソウルの軍議にも応じないことを遺憾とすること、②清正の敗北は明軍に知れわたり、それに勢いづいた明軍が平壌の戦いで小西行長《こにしゆきなが》らに勝利する結果となったことを述べている。また、吉継も同様の趣旨で、直茂は清正に荷担せぬよう警告している。この場合、長盛の書状は一月十三日付であり、吉継の書状は翌十四日付である。冬期の場合、ソウルから安辺までは約十日路であるから、生運が安辺の清正のもとに着いたのは、一月二十四日前後となる。長盛と吉継が直茂に送った書状はともかくも、清正は朝鮮奉行からの再度の撤退命令を受けたこととなる。それは平壌の戦いにおける行長の敗北と戦局の悪化を内容とするものであった。

もっとも清正はこれ以前に行長の平壌敗北を知っていた。それは島津義弘から伝えられた。一月初旬、義弘は朝鮮奉行の誰かが帰朝することを聞いて、挨拶のためソウルへ出向いた。その時、平壌における小西行長の敗北を知ったのである。一月十五日（日本暦十四日）、江原道金化へ帰陣した義弘は、清正に行長敗北の様子を知らせ、万一、ソウル在陣衆が釜山浦へ撤退すれば、清正勢は置き去りとなると伝え、それ故、清正にも早期に咸鏡道を撤退するよう勧告したのである。

事、ここに至っては、清正自身、端川・吉州に籠城する家臣の救援に赴かないわけに行かなかった。二月四日（日朝同暦）、清正は咸興に来て、朝鮮二王子を鍋島直茂に預け、端川・吉州めざして北進した。このあと、清正は家臣吉村吉左衛門《よしむらきちざえもん》の在番する咸鏡南道北青に着陣した。ここで清正が見たものは、籠城していた兵卒の多くは寒気に疲れ、雪焼け・鳥目《とりめ》となっていたことであった。やむなく北青に逗留《とうりゅう》していたところ、飢えと寒さにおそわれ、凍傷を負った端川・吉州の兵卒が北青に辿りついた。「清正高麗陣覚書」は清正と家臣ら再会の様子について、清正は大鍋で炊き出しを命じ、加藤右馬允《かとううまのじょう》や加藤清兵衛らに苦労をかけたと声をかけ、右馬允や清兵衛らの守将だけでなく、兵卒一人一人にもみずからにぎり飯を握って与えたという。

清正・馮仲纓の安辺会談

その後、清正は安辺に帰陣したが、二月十五日（日朝同暦）、明軍の参将馮仲纓《ひょうちゅうえい》一行三十余人が安辺を訪れた。その目的は清正をして咸鏡道から撤退させることと、朝鮮二王子を取り戻すことにあった。この計画を立てたのは、明の兵部主事（兵部の一職、正六品）袁黄《えんこう》であった。袁黄は平壌の戦いで、明軍が行長らを破ったことにより、戦局が好転したものとみなし、幕下の策士馮仲纓をその任に宛てた。朝鮮側からは官人金宇顒《きんうぎょう》がこれに従った。仲纓は清正に講和して咸鏡道から撤退すること、朝鮮王子を還《かえ》すことを求めた。

これに対し、清正は「朝鮮は我々が奪ったものであり、王子もまた然《しか》りである。和するなら和せ、講和の条件は朝鮮の割地《かっち》である」と言った。さらに王子を捕らえたことについては、すでに秀吉のもとへ報告したため、自分一人の判断では返還できないと、清正はこれを拒否した。さらに小西行長について、「平安道に進んだ行長はもともと堺《さかい》の商人であり、宗義智《そうよしとし》の岳父たることにより、明への道筋の案内者にすぎない。秀吉臣下の武者とは、この清正である。たとえ明が四十万の大軍を出したとしても、ことごとく皆殺しにしてくれよう。そして明の四百余州を灰燼《かいじん》とし、明皇帝を生け捕りにする」と言った。もちろん、この会談は決裂し、仲纓は清正とソウルで再会することを約束して還った。

この後、清正は咸鏡道安辺を引き払い、ソウルへ撤退した。直茂はこれより先、二月十一日に咸興を引き払い、鉄嶺《てつれい》を越えて江原道を経由してソウルに向かった。直茂のソウル着陣は二月二十八日、清正はそれより一日遅れ、二十九日に着陣した。この時、直茂配下の兵は、陣立《じんだて》一万二千人のところ、七千六百四十四人、清正配下の兵は、陣立一万人のところ、五千四百九十二人となっていた。

日明和議折衝と晋州城攻撃

和議折衝と明軍の策略

ソウルの軍議

ここで、加藤清正《かとうきよまさ》の行動の背景となる戦局全体に目を向けよう。先にも少し触れたことであるが、一五九二年（宣祖《せんそ》二十五）七月、遼東《りょうとう》副総兵祖承訓《そしょうくん》・遊撃《ゆうげき》史儒《しじゅ》らの平壌《へいじょう》攻撃があった。これは明《みん》軍の敗北に終わったものの、明軍のいち早い朝鮮救援に対処するために、同年八月、日本軍の惣大将宇喜多秀家《うきたひでいえ》、石田三成《いしだみつなり》・増田長盛《ましたながもり》・大谷吉継《おおたによしつぐ》らの朝鮮奉行《ぶぎょう》、さらに豊臣秀吉《とよとみひでよし》の上使黒田孝高《くろだよしたか》らが、朝鮮在陣の諸大名をソウルに呼び、軍評定《いくさひょうじょう》を開いた。

この場合、孝高を上使として朝鮮に派遣した秀吉の意図は、渡海した諸大名にまず朝鮮全域の経略を固め、秀吉が渡海してから明征服に向かうことを徹底させようというものであった。しかし、朝鮮在陣の諸大名は現実の戦局をふまえて軍議をかわした。

その評定の内容は、明の大軍が迫った場合の対処であった。兵糧《ひょうろう》不足の現状をふまえ、ソウル以北に延びきった戦線を縮小し、ソウルの固めに全力をそそぐかどうか、今後の戦略をどうするかということであった。孝高はソウルより一日路を限度として、北方に砦《とりで》を築き、ソウル維持に主力をそそぐことを提案した。ところが平壌に陣を構える小西行長《こにしゆきなが》は朝鮮軍に戦闘意欲なく、明軍の救援もあり得ないと孝高に反発し、行長は平壌に戻ったのであった。行長とすれば、明への先鋒《せんぽう》を他の大名に譲りたくなかったのであろう。この時、清正はオランカイに侵入しており、この軍議に加わることはできなかった。朝鮮奉行はこのことを清正非難の口実の一つとするようになるのである。

和議に傾く明

ところで、平壌の戦いで勝利した明提督李如松《りじょしょう》は余勢を駆って、ソウルめざして南下した。ここでソウル在陣の日本軍は三つの選択を迫られた、第一はソウル撤退である。しかしこれは、前年八月の軍議でソウル確保を確認したこともあり、論外であった。第二はソウル籠城《ろうじょう》である。しかしこれも兵糧不足のため無理であった。第三の選択は迎撃《げいげき》である。日本軍はこの迎撃を選び、京畿道碧蹄館《けいきどうへきていかん》一帯に伏兵《ふくへい》を配置した。碧蹄館はソウルの北方に位置する駅院であり、明からの使節がソウルへ赴くさい、その一日前には必ずここに宿泊したところである。そこは細長い渓谷をなしている。一月二十七日（日本暦二十八日）、ソウルをめざす明軍はこの碧蹄館に至り、縦隊となって進むこととなった。小早川隆景《こばやかわたかかげ》・立花宗茂《たちばなむねしげ》らの日本軍はこれに一斉射撃を加え撃退した。この戦いで李如松は戦意喪失し、臨津江《りんしんこう》を越えて京畿道東坡《とうは》へ退却した。

平壌の戦いにおける明軍の勝利、碧蹄館の戦いにおける日本軍の勝利、これをきっかけとして、日本軍と明軍との間に和議の機運がもちあがった。朝鮮はこの和議に反発したが、それは明側に押しきられた。

明側の和議前提条件

前年七月、遼東副総兵祖承訓の平壌攻撃失敗のあと、明の兵部《へいぶ》尚書《しょうしょ》石星《せきせい》は日本軍を諭し、和議によって事態の解決を図ろうと考えていた。当時、明は韃靼《だったん》の侵攻を防ぐため、かなりの財力を費やしており、そのうえ朝鮮救援が加われば、財政破綻を招くであろうことは必定であった。石星は日本の事情に通じているという沈惟敬《しんいけい》なるものを日本軍の宣諭に起用した。

この沈惟敬は浙江《せっこう》省嘉興《かこう》の出身である。もともと市井《しせい》の無頼《ぶらい》の徒《と》であり、弁舌に長じていた。流浪して北京《ペキン》にいた時、かつて倭寇《わこう》に捕らえられて日本にいたことのあるものと親しみ、日本の様子をくわしく知るようになった。そして惟敬は石星の妾の父とつき合いのあったことを利用し、石星への推薦を受け、遊撃の地位を授けられたようである。このような人物が外交の舞台に出てくることは、この時代ならではのことであろう。

同年九月、惟敬は平壌郊外で小西行長と会談した。その会談で、惟敬は朝鮮は明の領域であるので退去せよと迫った。行長は平壌を退去するも、大同江《だいどうこう》（平壌の東北から西南に流れる）以南を日本の領域とすることを主張した。さらに惟敬は秀吉が朝鮮に兵を出した理由を詰問した。行長は秀吉は明に封を求め、貢物を捧げたいから兵を出したと返答した。それについて、惟敬は明皇帝の許可を必要とするといい、ここに五十日の停戦協定が結ばれた。この会談は多くの物議を醸《かも》した。とりわけ、石星・沈惟敬のラインで和議を進めようとする企てには風当たりが強かった。明軍の最高責任者征倭経略宋応昌《そうおうしょう》や提督李如松のもとでも、また朝鮮国王のもとでも、惟敬の和議案には批判の声が強かった。

しかし、碧蹄館の戦いにおける明軍の敗北を契機として、朝鮮を救援する明軍の首脳部は和議策に転換したのである。

宋応昌は行長らに、①日本軍の朝鮮国土からの撤退、②清正が捕えた朝鮮二王子の返還、③秀吉が明皇帝に謝罪を上疏《じょうそ》すること、この三条件を実行すれば、明兵部は秀吉を日本国王に封ずる旨を明皇帝に上奏すると伝えた。それを承知させるため、三月半ば、明軍の決死隊が漢江《かんこう》沿岸の龍山《りゅうざん》（現、ソウル市龍山区）にある日本軍の兵糧倉二十三ヵ所を焼きうちした。これにより、ソウルに在陣する日本軍の兵糧は途絶えてしまった。

日本軍のソウル撤退

兵糧倉の焼きうち、この衝撃を受けた行長は、龍山《りゅうざん》にいた朝鮮水軍に和を求める書翰《しょかん》を送った。これにより四月初旬、宋応昌は沈惟敬を龍山に派遣した。惟敬は江華島《こうかとう》から船に乗り、龍山で行長・清正らと会談した。そのさい、戦局の流れが明・朝鮮側に好転したため、惟敬は威嚇的な態度をとり、近々四十万の明軍が日本軍の前後を遮断すると広言し、会談を進めた。その結果、

① 清正の捕らえた朝鮮二王子とその陪臣は朝鮮に還すこと、
② 日本軍はソウルから釜山浦《ふざんぽ》まで撤退すること、
③ 開城を守る明軍は日本軍のソウル撤退を確認してから明へ帰国すること、
④ そのうえで明側から和議使節を日本へ派遣することがとり決められたのである。

このとり決めにより、明軍は秀吉のもとへ和議使節として、謝用梓《しゃようし》と徐一貫《じょいっかん》なるものを日本軍に差出した。

四月十八日（日朝同暦）、日本軍はソウルから撤退し、釜山浦めざして南下した。清正らはこの和議使節と朝鮮王子一行を囲い込むようにしてソウルを後にした。しかし、この

二人の使節は宋応昌幕下の諜報《ちょうほう》機関であり、明皇帝から任命されてもいない偽りの「明使節」だったのである。

偽明使節の名護屋派遣

同年五月半ば、石田三成・小西行長らは、この「明使節」をともなって肥《ひ》前名護屋《ぜんなごや》に至った。秀吉は徳川家康《とくがわいえやす》・前田利家《まえだとしいえ》らにそれぞれの陣屋で連夜にわたって「明使節」を饗宴させ、五月二十三日、名護屋城内の山里丸《やまざとまる》（現、広沢寺《こうたくじ》）に設けた金の茶室で「明使節」をもてなした。その間、秀吉は博多聖福寺《しょうふくじ》の景轍玄蘇《けいてつげんそ》、京都南禅寺《なんぜんじ》の玄圃霊三《げんぽれいさん》に「明使節」との和議折衝をさせた。折衝は筆談で行われた。その結果、六月二十八日（日朝同暦）、秀吉の側から「明使節」に日本天皇のもとへの明皇帝の公主（皇帝の姫）降嫁《こうか》、勘合《かんごう》制度の復活、朝鮮領土中分を内容とした和議条件七ヵ条と「大明勅使に告報すべき条目」を提示した。翌二十九日、「明使節」一行は名護屋を離れた。佐竹義宣《さたけよしのぶ》家臣大和田重清《おおわだしげきよ》の日記によれば、大勢の人が見送ったという。

偽降伏使節の北京派遣

名護屋において、「明使節」と秀吉側近が和議折衝を重ねていたころ、朝鮮ではあらたな策略が進行していた。偽りの降伏使節内藤如安《ないとうじょあん》の北京《ペキン》派遣である。これは小西行長と沈惟敬が画策したものである。行長は家臣如安に「納款《のうかん》表」（「納款」とは誼《よしみ》を通じること、「表」は明皇帝に奉る文書）を持たせ、宗義智の家臣早田《そうだ》四郎兵衛尚久ら三十数名がこれに同行した。これは秀吉の和議条件提示に先立つ六月二十日のことである。

一行が平壌・義州を経て遼東に至った時、明経略宋応昌が降伏使節には「関白降表」(明皇帝に奉る秀吉降伏の表文)が必要であると、その持参を強く求めた。このため如安は遼東に留まり、その間に惟敬と行長が慶尚南道《けいしょうなんどう》の熊川《ゆうせん》の行長軍営で「関白降表」を偽作した。その「降表」の要点は、

① 日本はみな明朝の赤子《せきし》(皇帝を親に見立てた人民)となりたい。それを朝鮮を通じて明に達しようとしたが、朝鮮がそれを握りつぶした。秀吉はこれを怨みとして兵をおこしたこと、

② 平壌において沈惟敬との間に停戦協定が結ばれ、行長はこれを守ったが、朝鮮は戦いを仕掛けてきたこと、

③ 沈惟敬との約束により、日本軍は城郭・兵糧・土地を朝鮮に還したこと、

④ 秀吉としては、明皇帝から冊封《さくほう》藩王の名号を頂きたく、さすれば、今後「藩籬《はんり》の臣」として、明に朝貢《ちょうこう》するということ、

であった。この④が封貢要求である。

日本軍の晋州攻撃

晋州攻撃目的と陣立

豊臣秀吉《とよとみひでよし》は明《みん》との和議交渉を進めるかたわら、朝鮮への攻撃も指示していた。その狙いは慶尚南道《けいしょうなんどう》の晋州《しんしゅう》であった。それではなぜ秀吉は晋州を狙ったのだろうか。その第一の理由は、和議条件の第四条に示した朝鮮中分、すなわち、朝鮮南四道割譲を既成事実としたかったからである。第二の理由は、慶尚道から全羅道《ぜんらどう》への要衝《ようしょう》となっている晋州を陥し、全羅道の穀倉《こくそう》地帯を押さえ、日本軍の兵糧《ひょうろう》を調達することである。第三の理由は、平壌《へいじょう》の戦いを契機に劣勢となった日本軍の士気を高揚させることである。そのために、平壌の戦いのさい、黄海《こうかい》道鳳山《ほうざん》の番城《ばんじろ》を棄てて逃亡した豊後《ぶんご》の大友吉統《おおともよしむね》らを改易《かいえき》処分とし、戦功をあげねばこのようになると、諸大名へのみせしめにした。ここに改易の恐怖と軍役の鞭が発動される。

大友吉統らを改易処分とした一五九三年（文禄《ぶんろく》二）五月一日（朝鮮暦二日）、和議破綻の場合を想定した秀吉は使番の熊谷直盛《くまがやなおもり》らを朝鮮に派遣し、朝鮮在陣の諸大名に釜山浦《ふざんぽ》周辺の在番地域十八ヵ所を指定した。加藤清正《かとうきよまさ》は相良長毎《さがらながつね》とともに、そのうちの一ヵ所の築城を担当することとなった。さらに秀吉は浅野長政《あさのながまさ》らに、明との和議折衝に関係なく晋州城を攻撃することを指示し、同月二十日（朝鮮暦二十一日）、慶尚道に南下した日本軍十九万の兵力を晋州をとりまく広い範囲に配置するよう陣立《じんだて》を定めた。

家臣を檄す清正

ここにおいて清正は、大友吉統の轍《てつ》を踏まぬため、国元に武器・兵糧調達を厳しく達した。その内容は、

① 兵糧は五千石でも一万石でも、賃舟を利用してもいいからただちに送ること、味噌・塩、馬料に宛てる大豆も輸送すること、

② 堺に注文した鉄炮・玉薬の調達を急がせ、鉄炮放し（鉄炮撃ちの練達者）を清正の領内に限らず、薩摩《さつま》など他国からでも召抱えて送ること、奉公人（陣夫役《じんぷやく》）も大量に送ること、

③ 鍛冶《かじ》・大工などの職人と大鋸《おが》や鉄材を調達すること、

④　昨年分からの年貢未納を一掃し、麦でもいいから取り立てること。もし出し渋る百姓があれば成敗《せいばい》すること、それでも未納があれば、それは代官の責任であり、代官を成敗するものとすること、

であった。

これらの指示を国元に発した清正は、晋州城を攻撃する家臣らに、戦闘のみならず仕寄《しより》普請《ふしん》（城攻めの足場を築く普請）においても、軍功をあげれば、扶持《ふち》数石程度の侍は数百石、それ以上の知行取りはさらに知行加増となる旨、家臣団に檄《げき》をとばした。

朝鮮・明の防禦策不統一

慶尚南道から全羅道へ侵入するため、晋州城を攻撃するという日本軍の意図、これを朝鮮側が察知したのは六月はじめのころである。この年の二月、京畿《けいき》道幸州《どうこうしゅう》山城の戦いで勝利し、意気高揚している全羅道巡察使権慄《ごんりつ》（六月七日、都元帥《とげんすい》〈有事のさい、全国の兵馬統轄にあたる臨時職〉となる）は、都元帥金命元《きんめいげん》（七月九日、戸曹判書となる）とともに官義兵を率いて慶尚道宜寧《ぎねい》に結集し、ただちに兵を晋州に進めようとした。しかし、義兵将郭再祐《かくさいゆう》と慶尚道左兵使高彦伯《こうげんはく》は日本軍の勢力は盛んであり、朝鮮軍には烏合《うごう》の衆が多く、戦いに堪える者は少ないことをあげ、その軽挙盲動を戒《いまし》めた。

これに対し、晋州の倡義使《しょうぎし》判決事（倡義使は国家に大乱ある時、義兵を挙げた人を臨時に任命する職。判決事は掌隷院〈奴婢《ぬひ》の籍簿、奴婢関係の訴訟を扱う官衙《かんが》〉の首職。正三品《しょうさんぴん》）金《きん》千鎰《せんいつ》は籠城戦を主張した。金海府使《きんかいふし》李宗仁《りそうじん》が日本軍が鼎津（鼎巌津。現、慶尚南道宜寧《ぎねい》郡宜寧邑鼎岩里《ていがんり》）に迫り、晋州危うしとの通報を晋州城にもたらし、晋州城内では防禦についての論議がかわされた。そのさい、千鎰は「晋州は全羅道の藩蔽《はんぺい》であり、晋州が陥落《かんらく》すれば禍いは全羅道にも及ぶ」と主張して、晋州城で日本軍を迎撃しようとしたのである。このように、晋州防禦をめぐる朝鮮側の意見はまとまらなかったのである。

一方、晋州の防禦について明軍はどのような態度を取ったのであろうか。六月半ば、朝鮮前都元帥金命元は慶尚道大邱《たいきゅう》に在陣する明の総兵劉綎《りゅうてい》を訪ね、晋州救援を願った。しかし、劉綎の独断ではこの要望に対処することができず、劉綎は経略宋応昌と提督李如松に伺いをたてた。ところが、日本軍との和議に方針を転換したこの二人は朝鮮側の願いを無視したのである。そればかりか、明側では、秀吉の晋州攻撃の原因は、明が秀吉と和議を進めている時、朝鮮側が多くの日本兵を殺し、日明和議折衝を妨害したことにあると決めつけていたのである。そして沈惟敬は金命元に晋州を空城にして兵を避けよと勧告した。金千鎰らは独力で日本軍と戦うこととなった。その戦力の構成は、金事、ここに至り、千鎰のもとに、忠清兵使黄進《こうしん》・慶尚右兵使崔慶会《さいけいかい》・復讐義兵将高従厚《こうじゅうこう》・左義兵副将泗川《しせん》県監張潤《ちょうじゅん》・熊義兵将李継璉《りけいれん》・飛義兵将閔汝雲《びんじょうん》・彪義兵将姜希悦《きょうきえつ》・高得賚《こうとくらい》・呉宥熊《ごゆうゆう》・巨済県令（朝鮮各道のもとにある県の行政首職。従六品）金俊民《きんしゅんみん》・金海府使李宗仁・晋州牧使（朝鮮各道のもとにある牧〈府とほぼ同格〉の行政首職。正三品）徐礼元《じょれいげん》らが部将となり、全体の兵力は約三千であった。

晋州の攻防と清正勢

六月十五日（日朝同暦）、この日、清正らの率いる日本軍は晋州への進撃を開始した。洛東江の西に位置する金海（現、慶尚南道金海市）から昌原（現、慶尚南道昌原市）へと進んだ。

十六日（日朝同暦）、その先鋒は咸安（現、慶尚南道咸安郡咸安面）に侵入して焼きうちを重ねた。咸安地域の防禦にあたっていた平安道巡辺使李薲《りひん》・都元帥権慄・全羅兵使宣居《せんきょ》怡《い》らの率いる朝鮮兵は敗走し、南江（洛東江の支流）の鼎巌津（現、慶尚南道宜寧郡宜寧邑鼎岩里）を渡って宜寧（現、慶尚南道宜寧郡宜寧邑）に奔走した。

十八日（日朝同暦）、日本軍は咸安から進撃し、鼎巌津を渡った。鼎巌津の防備にあたっていた義兵将郭再祐の兵は退却し、李薲・権慄・羅州判官李福男《りふくなん》らは山陰（現、慶尚南道山清郡山清邑）に難を避けた。ここで日本軍は宜寧を焼きうちした。

図9　晋　州　城　跡

十九日（日朝同暦）、この日、日本軍は宜寧より晋州に兵を進める。このさい、日本軍は斥候を丹城《たんじょう》（現、慶尚南道山清郡丹城面城内里）・三嘉《さんか》（現、慶尚南道陝川郡三嘉面）、昆陽《こんよう》（現、慶尚南道泗川《しせん》市昆陽面城内里）・泗川（現、慶尚南道泗川市泗川邑）などに放ち、晋州を外援する朝鮮軍を牽制した。事、ここに至って、全羅兵使宣居怡と京畿助防将洪季男《こうきなん》は晋州に赴き、衆寡敵せず、晋州城から退去せよとすすめたが、千鎰はこれを聞きいれなかった。

二十一日（日朝同暦）、日本軍の一部は晋州の東北にあたる馬峴峯《ばけんほう》に陣をとって、晋州城内の動きを偵察した。次いで日本の大軍が晋州に押し寄せた。

二十二日（日朝同暦）、この日、日本軍は晋州城に肉薄した。ここで金千鎰は救援要請使者として別将林遇華《りんぐうか》を晋州城から脱出させたものの、遇華は日本軍に捕らえられてしまった。日本軍は遇華を縛りつけて、城内の朝鮮軍に見せつけ、東門を襲撃した。ここで晋州牧使徐礼元は闘志を失い顚倒したが、金千鎰・崔慶会・黄進らは督戦し、一進一退を繰り返した。

二十三日（日朝同暦）、晋州籠城の朝鮮軍は、城の南は南江に面した絶壁であり、ここからの攻撃はありえぬと考え、高い石壁に囲われた西北面には濠《ほり》を掘って水をめぐらし、城の東面で日本軍を撃退する戦術を立てていた。この日、日本軍は西北面の濠を決壊《けっかい》させ、水を南江に流し、濠を乾かし、土砂を埋めて大路とした。かくして晋州城を包囲する日本軍は、東門に宇喜多秀家《うきたひでいえ》らの兵一万八千八百二十二人、北門に加藤清正・鍋島直茂《なべしまなおしげ》・黒田長政《ながまさ》・島津義弘《しまづよしひろ》らの兵二万五千六百二十五人、西門に小西行長《こにしゆきなが》・宗義智《そうよしとし》・松浦鎮信《まつらしげのぶ》・長谷川秀一《はせがわひでかず》らの兵二万三千八百八十六人を配置した。

二十五日（日朝同暦）、この日、晋州城東門を攻める宇喜多秀家の日本軍は東門の外に小丘を築き、櫓《やぐら》を設けて城内に鉄炮を乱射した。忠清兵使黄進も城内に小丘を築き、玄字銃筒をもってこれに応戦した。

二十六日（日朝同暦）、この日、日本軍は獣の皮で覆った大櫃《おおびつ》の中に兵を入れ、矢弾を防ぎながら晋州の城壁に迫り、仕寄普請《しよりふしん》にかかった。朝鮮側は大石などを落としてこれを防いだ。さらに東門を攻める日本軍は、大木を立て、その上に囲いを設けて兵を忍ばせ、城中に火矢を放った。朝鮮側は大砲をもってこれを撃破した。ここで宇喜多秀家は「将帥を人質として出せば、皆殺しせぬ」と勧告したが、朝鮮側はこれを拒絶し、一進一退の戦闘が続いた。

二十七日（日朝同暦）、晋州城北門を攻める清正らの日本軍は城内に火を投じた。この地点の防禦にあたっていた晋州牧使徐礼元は顚倒し、金海府使李宗仁の隊がこれを防いだ。この時、清正と黒田長政は亀甲車《きっこう》という仕寄道具を考案していた。この亀甲車とは、四輪車に櫃を取り付け、その中に兵卒が入り、轅《わだち》を前方に回して前進し、退くときは車の後尾に結んだ綱を後方にひそむ兵卒が引く仕掛けになっており、火矢を防いで城壁にたどりつくものであった。この亀甲車を利用して、清正家臣森本儀太夫《もりもとぎだゆう》・飯田覚兵衛《いいだかくべえ》、黒田長政家臣後藤又兵衛らが足軽や職人を率いて、晋州城北面の石垣を鉄棒や鉄梃《かなてこ》で崩しにかかる。徐礼元はこれに気づかなかった。

二十八日（日朝同暦）、日本軍は晋州城西門の石垣にも穴をあけ、西門に攻撃を集中し

図10　論介が飛び込んだとされる義岩と「義妓論介之門」(左側の建物内)

た。この戦闘で、忠清兵使黄進が鉄炮に撃たれて戦死し、城中は恐怖のどん底に陥った。

二十九日(日朝同暦)、晋州城の搦《からめ》手《て》である西門と北門の石垣を崩した日本軍は、亀甲車に生きた牛から剥《は》いだ皮を裏がえしに覆って石と火矢をかいくぐり、城内へ殺到した。激戦のすえ、金千鎰・崔慶会らは南江の流れに身を投じた。わずか三千の兵力で九万になんなんとする日本軍と戦って約一週間、ここに晋州城は陥落した。

義妓論介の指輪

現在の晋州は落ちついた城下町である。晋州城は矗石《ちくせき》城ともいい、ここに多くの観光客が訪れる。城の正門（東門）をくぐって、人々がまず訪れるのは矗石楼である。その西隣に義妓論介《ぎきノンゲ》の祠がある。また矗石楼の南側から南江の川面へ出る階段がある。そこを降りて左へ行くと「義妓論介之門」があり、さらにその先には義岩と名づけられた大きな岩がある。

晋州城陥落のあと、日本の武将は矗石楼勝利の宴会を開いた。彼らは争うようにして妓《キー》生《セン》を求めた。その妓生の中に論介がいた。この論介については、もともと妓生であったとも、また義兵将崔慶会の現地妻であり、夫崔慶会が戦死し、妓生に身を落として武将への復讐をねらったとも言われている。論介は厚化粧して両手の指すべてに指輪をはめ、武将に媚《こび》を売った。酒に酔った一人の武将（毛谷村六助という人物といわれる）が論介にまとわりついた。論介は彼を川面の岩上に誘い出し、すべての指に指輪をした両手がほぐれぬように組み合わせてしっかりと抱きつき、そのまま南江に飛び込み、復讐をはたした。現在、晋州城の東側にある南江の橋桁《はしげた》には論介の指輪を象徴する装飾がほどこされている。

朝鮮王子の返還

話は少しさかのぼる。一五九三年（宣祖《せんそ》二十六）四月十八日（日朝同暦）、ソウルに在陣していた日本軍は釜山浦《ふざんぽ》に向けて撤退したが、その前日、加藤清正《かとうきよまさ》は国元留守居の加藤喜左衛門と下川又左衛門につぎのような書状を送っている。その要点は、

清正、王子を政宗に託す

① 兵糧《ひょうろう》不足によりソウルを撤退すること、
② 国中の船舶と舟子《ふなこ》を徴用し、兵糧四～五千石を釜山浦に輸送すること、
③ 鉄炮を五百丁でも千丁でも、あり次第送り、玉薬も調達すること、
④ 領内の耕作を入念にし、城下の治安を維持すること、

であり、それとともに、朝鮮王子一行を名護屋《なごや》へ送るので、名護屋に王子らの居所を普請《ふしん》して、念入りに清掃し、その準備をするよう伝えている。

これより先、明《みん》の宋応昌《そうおうしょう》と沈惟敬《しんいけい》らは、豊臣秀吉《とよとみひでよし》を日本国王に封ずることを条件として、朝鮮王子返還を小西行長《こにしゆきなが》に要求したり、龍山《りゅうざん》兵粮倉を焼きうちして、日本軍を兵糧不足に陥らせ、王子返還など、和議折衝の前提条件を強要したり、明から和議使節を秀吉のもとへ送ることと引き替えに王子返還を要求したりするなど、あの手この手を使って王子を取り返そうとした。しかし、清正は頑としてこれに応ぜず、名護屋へ送る手配をしていたのである。

四月二十八日、朝鮮王子一行を連れてソウルから南下した清正は、この日、慶尚北道《けいしょうほくどう》慶州《けいしゅう》に着いた。そして、朝鮮王子一行を慶尚南道梁山《りょうざん》に陣する伊達政宗《だてまさむね》のもとへ託したのである。清正はなぜ自分にとって虎の子でもある朝鮮王子をここで手放すこととなったのだろうか。

この日、清正が伊達政宗に送った書状によれば、①ソウルから引き揚げた九州衆は慶州に居陣することとなった。②清正はその先手となり、後続の九州衆を待たねばならない。③それゆえ、ここに王子一行を留め置くのは如何なものかと考え、預かってほしい、というのである。

しかし、同日に名護屋で秀吉に仕える長谷川守知《はせがわもりとも》（伏見の太閤蔵入地代官長谷川宗仁の息子）と秀吉の祐筆山中橘内《ゆうひつやまなかきつない》に送った清正の書状によれば、

①　秀吉の命令により、ソウル在陣衆は相談の結果、釜山浦に向けてソウルを引き揚げた。現在、自分は慶州に居陣している。

②　朝鮮王子一行を連れているが、慶州で後続するものを待たねばならない。そのため、家臣の加藤右馬允《かとううまのすけ》・窪田藤兵衛《くぼたとうべえ》・美濃部喜八郎《みのべきはちろう》らを王子一行に付き添わせて、送ることとした。よろしく取扱っていただきたい。

③　自分のこれまでの戦功については、釜山浦に着陣した浅野長政《あさのながまさ》（長政は四月十三日、釜山着陣）にくわしく申し上げるつもりでいる。

④　これまで朝鮮における自分の行動について、石田三成《いしだみつなり》らはさまざまな風説を流し、秀吉のもとに虚偽の報告している。とかくよい事は秀吉の耳に入らない。心もとないことである、

という。

これによれば、王子一行を政宗に託したとはいえ、清正は王子らは名護屋へ送られるも

のとみなしていたのである。さらにもう一つ注目しておきたいのは、清正の戦功を三成が秀吉のもとへ悪し様に報告したことについて、浅野長政に事実をくわしく話すということである。

秀吉の王子返還命令

一方、清正の手から梁山に在陣する政宗のもとへ委ねられた王子一行は、その後、どのような扱いを受けたのだろうか。朝鮮側の記録によれば、その後、一行は梁山の西北に位置する密陽《みつよう》に護送された。そして、五月六日(日本暦五日)、日本の部将が一行を船に乗せ、密陽を流れる洛東江《らくとうこう》を下り、多大浦《ただいぼ》(現、慶尚南道釜山市沙下区多大洞)の沖合から日本に向かおうとした。その時、釜山に留陣する部将(その名、不明)が日本渡海をとどめたのである。それは秀吉が清正に朝鮮王子返還の命令を伝えたことによるものであった。これにより、その夜、王子一行は慶尚南道金海に泊まり、やがて五月二十三日、釜山浦に着き、ここで徐一貫《じよいっかん》・謝用梓《しやようし》ら「明使節」が名護屋から帰るのを待つこととなるのである。

ところで、ここにいう「秀吉が清正に朝鮮王子返還の命令を伝えた」とは、どういうことであろうか。それは文禄《ぶんろく》二年四月十七日付で清正に送った秀吉の朱印状《しゆいんじよう》である。その要点は、日本軍の総力をあげて晋州《しんしゆう》城を攻略し、全羅道《ぜんらどう》と慶尚道を平定すること、築城普請を進めること、築城普請が一段落したのち、清正が捕らえた朝鮮王子は朝鮮側に返還することを指示したものであった。清正はこの朱印状を慶州着陣のあと受け取ったものと思われる。

王子返還は和議の取引

それではなぜ秀吉は朝鮮王子の返還を清正に指示したのだろうか。それはこの時期の戦局全体の推移によるものである。先にあげた一五九三年（宣祖二十六）一月、平壌の戦いで小西行長が一敗地《いっぱいち》に塗《まみ》れたあと、朝鮮奉行石田三成らは、秀吉のもとに武器・兵糧不足の現状を訴え、明征服より先に、忠清道・全羅道をまず抑えて兵糧を確保すること、そのためにも慶尚道南岸に番城《ばんじろ》を築いて足場を固めることを提案している。

この報に接した秀吉は、同年三月、慶尚道の城普請、それに慶尚道における朝鮮軍の拠点となっている晋州城攻略を指示した。ここに、明と和議折衝を進めると同時に、朝鮮南部には拠点を置き、朝鮮側を討つとする戦略変更がもちあがった。そのためには、明側の言う和議折衝の条件に応じなければならず、日本軍のソウル撤退と朝鮮王子返還を履行する必要があったものといえよう。清正としては無念なことであるが、晋州攻略と日明和議折衝がワンセットとなって進行するあらたな事態の前にはやむをえない処置であったかも知れない。王子返還は行長らの進める和議折衝に利用されたのである。

同年五月一日（朝鮮暦二日）、秀吉は浅野長政・黒田孝高《くろだよしたか》・増田長盛《ましたながもり》・石田三成・大谷吉継《おおたによしつぐ》らに、明との和議腹案を示し、晋州など朝鮮南部攻略を指示した。この和議腹案はのちに「明使節」に示す秀吉の和議条件七ヵ条となるものであるが、その腹案の第五カ条に「一、最前生け捕った二人の王子は下々の者でないので、石田三成らが請け取り、沈惟敬に渡して朝鮮国へ返すべき事」とある。ここに朝鮮王子返還が和議条件の中に盛り込まれたのである。

この秀吉の意向が三成・行長らを通じて明側に伝えられるのである。五月十五日（朝鮮暦十六日）、石田三成・大谷吉継・増田長盛の三奉行と行長は謝用梓・徐一貫の「明使節」をともなって名護屋に着岸した。そして数日後、三成・吉継・行長の三人は、秀吉から晋州城攻略と朝鮮王子返還の命を遂行するため、ふたたび朝鮮に帰った。ただ、長盛のみは「明使節」への応対のため、名護屋に残った。

釜山に戻った行長は、六月二日（日朝同暦）、沈惟敬と会い、朝鮮王子一行は返還するが、晋州城は攻撃する旨を伝えた。惟敬は晋州城攻撃もやめるよう説得したが、行長は秀吉の命令であるとしてそれを譲らなかった。かくして王子一行は惟敬と行長のもとに置かれることとなった。この時、王子一行は随行した加藤右馬允に秀吉の王子返還許可と清正の厚遇に感謝する書状を送っている。

しかし、清正の心中はおだやかでなかった。清正の伝記は「宇喜多秀家《うきたひでいえ》と石田三成は清正を妬んで秀吉に讒訴《ざんそ》し、秀吉の命令によって王子一行を返すこととなった」「粉骨《ふんこつ》をつくして生捕った王子一行を讒者のはかりごとによって、むなしく返すこととなった。とりわけ行長はその悪智恵をもって日明の和議を進めた。これを秀吉が許したとなれば無念である」と、その憤りのほどを伝えている。

その後、王子一行は「明使節」謝用梓・徐一貫の帰国を待ち、七月二十二日、それに随行して釜山からソウルに向かったのである。

清正と朝鮮僧松雲大師の談判

清正の西生浦築城

慶尚道の番城配置と規模

晋州《しんしゅう》城陥落の報告を受けた豊臣秀吉《とよとみひでよし》は、一五九三年（文禄《ぶんろく》二）七月二十七日、加藤清正《かとうきよまさ》ら朝鮮在陣の諸大名に慶尚道《けいしょうどう》南岸一帯にわたる城普請《ふしん》を指示した。その配置は、東端の西生浦《せいせいほ》城から西端の熊川《ゆうせん》にわたる地域、それに巨済島《きょさいとう》の北端であった。それは、

西生浦城……加藤清正
林浪浦《りんろうほ》城……毛利吉成《もうりよしなり》
機張《きちょう》城……黒田長政《くろだながまさ》
釜山《ふざん》城・東萊《とうらい》城……毛利秀元《もうりひでもと》

亀浦《きほ》城……小早川隆景《こばやかわたかかげ》
金海竹島《きんかいちくとう》城……鍋島直茂《なべしまなおしげ》
安骨浦《あんこつぽ》城……九鬼嘉隆《くきよしたか》
熊川城……小西行長《こにしゆきなが》
巨済島の永登浦《えいとう》城……島津義弘《しまづよしひろ》
同じく巨済島松真浦城および場門浦城……福島正則《ふくしままさのり》と戸田勝隆《とだかつたか》を主将とし、そのもとに与力《よりき》大名を配属したものであった。

これら番城《ばんじろ》の様子については、一五九五年（宣祖二十八）正月、明《みん》の遊撃陳雲鴻《ちんうんこう》に接伴使として小西行長の熊川陣営に随行した兵曹佐郎李時発《りじはつ》の報告書に詳しく記されている。陳雲鴻は行長に朝鮮撤退をうながすため、北京から派遣されたものであり、ソウルから南下して慶尚南道密陽《みつよう》から金海を経由して熊川に至るルートを取った。一月十二日、鍋島直茂の管轄する金海竹島城に至ったところ、鍋島側から接待を受け、そこに宿泊することとなった。この時、時発は番城の様子をつぶさに見たのである。

その規模は広く、平壌城《へいじょう》の規模ほどある。三面は洛東江《らくとうこう》に臨み、周囲には木柵と土塁《どるい》をめぐらし、その内側に石垣を築き、その石垣は高楼《こうろう》を支えている。高楼には白壁を塗り、それは絢爛豪華《けんらんごうか》なものである。そのまわりに大小の居処が隙間なく並び、一片の空地もなく、一万ほどの兵をゆうに収容できる。城下には大小の船隻が列泊している。

この金海竹島城の備えについて、秀吉はつぎのような指示を出している。それは兵力五千人、いったん緩急ある時の武器は鉄炮二百挺（内、大筒一挺《ちょう》）とそれに用いる玉薬・弓三百張・矢六千・鑓《やり》二百本であり、兵糧《ひょうろう》としては味噌五十桶・塩五百六十俵・黒菜《あらめ》百俵・菜種二石・干飯《ほしいい》百石であり、燃料としては炭千五十俵を備えよというものである。

また、巨済島永登浦城の島津氏の場合を見ると、兵力二千人に対して、百挺の鉄炮をはじめとする武器・兵糧・燃料の指定がなされている。

清正の管轄する西生浦城の備えについては、鍋島氏や島津氏の場合にあるような史料が見あたらないが、先の晋州攻撃の陣立表《じんだて》によると、鍋島直茂の兵力は七千六百四十二人であり、金海竹島城在番指示の鍋島の兵力は五千人となっており、それは六五％に減少したものとして計算している。これを清正の場合にあてはめると、相良長毎《さがらながつね》とあわせて六千七百九十人の六五％は四千四百十三人となる。したがって、西生浦城在番の清正らも金海竹島城在番の鍋島勢に比較的近い数量の武器・兵糧を備えたものと思われる。

ここに日本軍は慶尚道南岸一帯に番城を築くこととなるが、そこには先に清正が国元に送った指示に見られるように、鍛冶《かじ》・大工・石工などの職人衆が呼び寄せられている。

今に遺る西生浦城跡

清正は晋州の戦いのあと、ただちに西生浦に向かい、ここで城普請にかかった。この西生浦城の遺跡は、現在の慶尚南道蔚山《うるさん》市蔚州郡西生面西生里にある。それは蔚山から海岸線に沿って約二〇キロほど南下した地点にあり、回夜江《かいやこう》が日本海（韓国では東海と呼ぶ）にそそぐ河口の南側である。現在、この一帯は鎮下と呼ばれる海水浴場となっている。李朝《りちょう》時代、ここには西生浦営が置かれ、水軍万戸（従四品の水軍武官）がこの鎮営に配置されたところである。清正はこの海岸に船入り（現地では、西生浦の山城部分に対して、海城と呼ばれている）を設け、ここから陸地の丘陵にかけて、石塁を用いた長大なスロープを築き、これを外郭線とした。このスロープをあえぎあえぎ登ってゆくと、やがて石垣が見えてくる。いくつもの虎口《こぐち》と曲輪《くるわ》の跡があり、さらに空堀《からぼり》がある。尾根《おね》に出ると、その最上部に一七〜八メートル四方の天守台跡がある。みごとな石垣である。石の削りはみごとであり、石を丸のまま積みあげる穴太積《あのうづ》み（名護屋城では山里丸周辺に見られる）から見れば、はるかに進んだ石工の技術である。

山城の曲輪から船入り＝港に直結する構造は、他の番城の場合も基本的に同じであり、物資運搬などの便を考えたものである。清正のみならず、朝鮮在陣のすべての諸大名はこ

図11　西生浦城天守台跡

図12　西生浦城天守台跡に続く石垣のスロープ

のような城郭を築き、長期駐屯《ちゅうとん》の構えをみせている。

城普請の総動員態勢

この西生浦城を築くため、国元留守居の加藤喜左衛門《かとうきざえもん》と下川又左衛門尉に清正は五十ヵ条にわたる指令を発した。その内容はつぎのように整理される。

その第一は武器と兵糧の調達である。武器については、領内の鍛冶《かじ》に刀を入念に鍛造《たんぞう》させ、急いで送ること（第二条）、隈本《くまもと》の鉄炮鍛冶にその製造を催促し、出来次第急いで送ること（第七条）などを指示する。兵糧については、どの船に米をどれほど積み込んだか、舟子（水主《かこ》または加子）は何月何日に国元を発ったのかを詳細に記録し、遅れないように兵糧を運ばせること（第八・九条）、これらの船には米・大豆五千石ほど積み、大豆はその三分の一とすること（第二十四条）、兵糧は十月以前に西生浦へ兵糧を運ぶこと（第三十三条）など、事細かな指示を与えている。

第二は軍需品などの調達である。玉薬については、隈本・高瀬・河尻の町家一軒ごとに煙硝二百匁ずつ割当て、それを薬に調合してただちに送ること（第六条）。つぎに武具に用いる馬と牛の鞣皮《なめしがわ》については、それぞれ十枚を購入して送ること（第四十三条）。また船の綱については、給分百石につき五十筋の割当てを定め、それを送ること（第二十一条）。

さらに陣幕に用いる木綿《もめん》幕十張りを送ること（第三十七条）。幟《のぼり》百本を送ること（第五条）。城郭内の居所に障子《しょうじ》紙として用いる上々の美濃《みの》紙四〜五十束を名護屋で購入して送ること（第十七条）など、その指示は細かい。

第三は生活必需品の調達である。日用品であろうか、上々の国紙二百束を送れという（第一条）。つぎに城内の炊事用の大釜五つを博多で購入して送れという（第二十一条）。さらに、これも炊事に用いる荏胡麻《えごま》の油を四〜五斗《と》送れという（第三十九条）。そして衣料品の木綿布子《ぬのこ》二千ほど送れという（第三十八条）。それればかりでない、おそらく清正の居所に奢侈《しゃし》品として用いるものと思われるが、上々の沈香十斤を博多で調達せよという（第十条）。以上が物資調達に関するものである。

第四は兵力と陣夫役《じんぶやく》の補給、職人の動員である。とりわけ兵力の中で重視される鉄炮放し（鉄炮撃ちの練達者）については、高千石につき五人ずつ割当てること。その場合、他国者でもかまわぬという（第四条）。それとは別に兵力二〜五千ほど集めることを指示する（第三十条）。また陣夫役（戦場の雑役夫）として動員された農民が逃亡した場合、その在所を知らせるので、その代わりの人夫を送ること、その人夫が西生浦へ来るまでの間は夫銭《ぶせん》を取れという（第三十二条）。さらに武器製造や城郭作事にたずさわる鞘師・大鋸引《おがひき》・

塗師《ぬし》などの諸職人には道具を持参して送れという（第三条）。

第五は輸送および通信手段の確保である。球磨《くま》郡（人吉《ひとよし》）でも隈本でも、大杉があれば、腕利きの大工を雇い、早舟を造ることを指示する（第二十条）。

第六は領内財政の問題である。清正は朝鮮渡海以来の国元の算用状を送れという（第十九条）。これは財政状態点検のためである。また、領内の雑穀・大豆を金銀または木綿に替えること、慶尚道の日本陣営の間においては大豆の相場が高いので、早々に大豆を用意すること、また名護屋でも相場がよければ、大豆を売ることなどを指示する（第十三条・四十七条）。これは領内財政の補強の一環である。

そして最後に、舟子《ふなこ》は国の軍役であり、欠員が出た場合、必ず補充し、冬支度をさせて出船させよという（第五十条）。

西生浦築城にあたり、清正はこのように、武器・兵糧、軍需品、生活必需品などの物資調達、兵力と陣夫役の補給、職人の動員、領内財政の補強などに気を配り、海上では危険にさらされるため、それを忌避する舟子には国の軍役であるときびしく達した。清正領国の総力をあげた総動員態勢、これが西生浦築城に向けられたのである。

このあとに述べる朝鮮義僧将松雲大師惟政《しょううんだいしいせい》は、清正との会談のため、西生浦に赴き、そこで目の当たりにした西生浦城について、つぎのように記している。

城の土台は牢固《ろうこ》であり、軍需物資や兵糧は周到に用意されている。城内には層閣や大きな居処がある。清正の居処は満堂に華筵《かえん》（美しい敷物）を敷き、金屛風をめぐらせてあり、その食するものは美食であって、その奢侈なること王侯よりもはなはだしきの状を示し、ここに久住（長期駐屯）の計有りと。

やがて、この西生浦城において清正と惟政との間で和議条件についての談判《だんぱん》が繰り返されることとなる。

清正・松雲第一回会談

会談の前提

一五九四年（宣祖《せんそ》二十七）四月十三日、松雲大師《しょううんだいし》惟政《いせい》は西生浦《せいせいほ》城に加藤清《かとうきよ》正《まさ》を訪ね、和議について談判した。この会談は両者が突如としてもったものでなく、清正、それに対する明総兵劉綎《りゅうてい》および朝鮮都元帥《とげんすい》権慄《ごんりつ》・慶尚《けいしょう》左《さ》兵使《へいし》高彦伯《こうげんはく》との間におけるひとつの動きによるものである。

これに先立つ二月二十一日、清正は被擄《ひりょ》人鄭連福《ていれんぷく》らを返還するさい、慶尚左兵使高彦伯宛の書状と朝鮮二王子宛の書状を連福に託した。高彦伯宛の書状には図書（印）と署名がなく、年号はこれまでの天正《てんしょう》から文禄《ぶんろく》に変わっており、疑うべきところあれど、和議について折衝したいとの意向があったのである。彦伯はこれを都元帥権慄と協議し、権慄は明総兵劉綎の接伴使金瓚《きんさん》とともにこれを劉綎に示して、返書の文言を検討した。

一方、劉綎は星《せい》州より南原《なんげん》に移鎮し、清正と交えて互いの意向を通じようと考えていた。三月はじめ、劉綎は高彦伯の軍官蔣希春《しょうきしゅん》・李謙受《りけんじゅ》に書を持参し、清正の西生浦城を訪ねて開諭させ、清正に封を与えて関白《かんぱく》とし、豊臣秀吉《とよとみひでよし》に反撃させようと企てたのである。これに対し清正は「秀吉の日本全国統一は天の与えたものであり、秀吉は明《みん》を征服して名を後世に揚げ、男児の志を顕《あらわ》そうとするものである。自分は秀吉と心を共にしているものであり、明側に降《くだ》るいわれはない」と言い、この誘いを拒絶した。この場合、朝鮮側には、清正と小西行長《こにしゆきなが》に確執があり、両者を離反させる機会との見方があった。

そしてもう一つ重要なことは、秀吉の和議条件が和親・割地《かっち》（朝鮮南四道の割譲《かつじょう》）・求婚（明皇帝公主の日本天皇への降嫁《こうか》）、あるいは封貢（秀吉を日本国王に封じ、秀吉は明に朝貢する）など、これらが混同した風聞となって朝鮮側に伝わっていたことである。これについては後に述べる。

義僧兵将松雲大師

一五九四年（宣祖二十七）四月はじめ、劉綎は都元帥権慄に清正の陣営へ派遣するにふさわしい人物の推薦を求めた。その目的は加藤清正と和議の談判をさせ、ついで清正の拠る西生浦城の様子を探ることにあった。権慄はその適任なる人物として惟政を推薦した。

惟政は義僧兵将である。その俗名は任応奎《にんおうけい》、惟政は法名であり、みずから松雲または四《し》溟《めい》と号した。第一次朝鮮侵略が勃発したころ、惟政は江原道《こうげんどう》金剛山表訓寺に在住していた。一五九二年（宣祖二十五）七月、このころ、平安北道義州《ぎしゅう》にいた朝鮮国王は妙香山普賢寺《ふげんじ》（平安北道寧辺《ねいへん》付近）の僧統（僧軍を統率するもの）休静《きゅうせい》（清虚禅師《せいきょぜんじ》）を朝鮮八道十六宗都総摂に任命し、僧軍を募らせた。休静は各地の寺から僧兵千余人を集め、弟子義厳を総摂として、都元帥金命元の配下に属させるとともに、江原道の僧惟政、全羅道《ぜんらどう》の僧処英《しょえい》らに義僧兵を組織させた。この時、副総摂となった惟政は四十八歳であった。

図13　松雲大師惟政画像

翌九三年正月六日、平壌《へいじょう》の戦いのさい、休静と惟政は二千二百人ほどの義僧兵を率いて、これに参戦した。同年七月、先に晋州城を陥した日本軍は全羅道への侵入を企て、全羅北道南原城にねらいを定めた。この時、義僧将惟政は僧軍を率いて南原城の防備に加わった。かくして、義僧兵の活躍は朝鮮各地に広まった。これにより、惟政はその度量を高く評価されたのであり、権慄は清正との談判に適役として惟政を推したのである。

ちなみに、惟政について触れておけば、秀吉の朝鮮侵略が終わったあと、惟政は日本との国交回復にあたった。一六〇五年（慶長《けいちょう》十）三月五日、惟政は文官孫文彧《そんぶんいく》とともに、伏見城において徳川家康《とくがわいえやす》の側近本多正信《ほんだまさのぶ》、それにかつて秀吉外交のブレーンとして朝鮮侵略の黒幕であった西笑承兌《せいしょうじょうたい》らと和議を協議し、朝鮮通信使《ちょうせんつうしんし》派遣による日朝親善の道を開いた人物である。

五ヵ条の和議案

一五九四年（宣祖二十七）四月十三日（日朝同暦）、惟政は慶尚左兵使高彦伯の軍官李謙受《りけんじゅ》・申義仁《しんぎじん》、それに通訳金彦福《きんげんふく》らと西生浦に至った。惟政らと最初に接したのは清正の副将美濃部金大夫喜八郎《みのべきんだゆうきはちろう》であった。

喜八郎は惟政に「汝らはどこから来たか」と尋ねた。惟政は「劉綎の鎮営から和議をまとめるために来た」と返答した。喜八郎は「それならば劉綎と王子の書状を持参しているか」と聞いた。惟政は「劉綎の書状はすでに届いているはずだ。また、王子は明皇帝に召されて北京へ行っており、未だ還っていないから、書状は送られない」と答えた。さらに喜八郎は「劉綎は和議についてどのような考えを懐《いだ》いているか」と聞く。惟政は「劉綎の心の中までどうしてわれわれが知りえようか」と言った。そして惟政は「先の清正の書状には印と署名がなく、中間で改竄《かいざん》があったとも考えられる。その虚実を知るためにもわれわれは西生浦へ来た」と伝えた。

話題は変わり、喜八郎は「内藤如安《ないとうじょあん》は今どこにいるか」と尋ねた。「そのような人物は知らない」という惟政に、喜八郎は「如安は沈惟敬《しんいけい》とともに明に往《い》ったのであるが、惟敬と行長が示す和議条件を知っているか」と聞いた。惟政はわざと知らぬと答えると、喜八郎は「割地（朝鮮南四道の割譲）・求婚（明皇帝公主の日本天皇への降嫁）がその条件である」と伝えた。惟政は「惟敬と行長が主張するそのような和議条件は絶対に成り立たない」と答えた。

このあと、惟政らは清正の居所で清正と会見し、惟敬と行長の和議条件が成り立たぬと言うと、清正は喜色を示した。ついで、その条件が成り立つか否かの問答を繰り返した。

翌十四日、喜八郎は清正の居所から出てきて、あらためて、惟政に惟敬と行長の和議条件を示した。それは、つぎの五ヵ条であった。

一、天子と結婚の事（明皇帝公主の日本天皇への降嫁）。

一、朝鮮を割地して日本の領域とする事（朝鮮南四道の割譲）。

一、旧来のように交隣する事。
一、朝鮮王子一人を日本に送り永住させる事。
一、朝鮮の大臣大官を日本へ人質として送る事。
そして、これらの条件が成り立たないことを詳しく説明せよと、惟政に迫った。惟政は第一の「天子と結婚の事」について、つぎのように答えた。

漢代、元帝が一宮女（王昭君《おうしようくん》）を公主として匈奴王に降嫁させた語りぐさにより、惟敬と行長は明皇帝の公主降嫁を望むようであるが、天下に君臨する明皇帝にあって、万里滄波（遠く離れた青海原《あおうなばら》）の外に公主降嫁するいわれがあろうか。このことは牧子柴童（牧畜に従事する童・柴薪《さいしん》を刈る童）のようなものでも知っている。ましてや文武に秀で、皇帝直属の戦士たる劉綎は義不義の道理を暁達《ぎようたつ》しているものである。この一件は論外であることははっきりしている。

第二の「朝鮮を割地して日本の領域とする事」について、惟政はつぎのように答えた。四海（天下）の内、王土でないところはない。片地寸草といえども、すべてこれらは皇帝の掌握するものである。領地の与奪《よだつ》は皇帝の胸三寸《むねさんずん》にある。それであるのに、沈惟敬一人が、どうして、皇帝を動かして与奪させることができようか。秀吉は無名の軍兵を動かし、皇帝の領域を踏みにじり、人民を塗炭《とたん》の苦しみに陥れた。皇帝はやむをえず応兵（敵に挑発され、やむを得ずこれに応じて戦う兵）を動かし、防禦《ぼうぎょ》すること三年なれど、未だ治まらない。それなのに、どうして朝鮮を割譲するいわれがあろうか。惟敬と行長の策は成り立たない。

第三の「旧来のように交隣する事」について、惟政は、朝鮮にとって、君父の讎《しゅう》（日本軍が朝鮮国王の祖先の墳墓をあばいたことと、朝鮮二王子を擒《とりこ》にしたことへの讎）を忘れ、兄弟の交《まじわり》を結ぶことはありえないことである。天地の間にそのような理屈が通るであろうか。この件は帰って劉綎に報告し、劉綎の処置を仰ぐ旨を答えた。

第四の「朝鮮王子一人を日本に送り永住させる事」について、惟政は、無名の軍兵によって国土を踏みにじられた朝鮮は、日本に対して無窮の讎を酬《むく》おうとしている。生霊の怨みを洗い流すことはできない。しかるにどうして王子を人質として日本に永住させることができようか。王子を送れという惟敬と行長の言には、万死《ばんし》するもこれには従えないと答えた。

第五の「朝鮮の大臣大官を日本へ人質として送る事」について、惟政は、これまで日本と朝鮮の交易が盛んであった時、それは交隣関係を基軸としていたが、朝鮮大臣を人質とすることなど、聞いたことがない。国土を踏みにじられた怨を忘れて大臣を送り、兄弟の結びを交わすなどはありえないことであると答えた。

十五日、清正側は前日の和議条件について惟政がその不可としたことに反論を加えたが、惟政はその不可なることを譲らなかった。そして、清正と惟政との話題は劉綎に及んだ。清正は「劉綎の心中はどこにあるか」と惟政に問う。惟政は「その心中は分かりかねるが、われわれの間では、代々、清正は地方官の後裔《こうえい》であり、豪傑であると聞いている。どうして秀吉のような庸人《ようじん》の麾下《きか》にいるのか。もし異国に住めば、常に上官としての扱いを受けよう。慨嘆するのみである」と述べた。

さらに話題は朝鮮王子の問題に移った。清正は「朝鮮王子一行を執《とら》えたのは自分である。彼らを返還したのも自分である。ところが未だ一通の信音も送ってこない。これは信無きことである」と述べた。惟政は「王子らを返還した功績は清正にあることは、一人劉綎のみが知っている。ところが明でも朝鮮でも、ほとんどのものが清正の功績であることを知らない。どうしてこのようになったのか。行長は、自分が清正に王子らを返還するよう、命令したのであり、自分でなければ、王子らを返還することができなかった、と言っている」と述べた。清正は微笑して「王子らは自分の手のもとにあったものである。行長のごときが何を言うか。「行長はただ沈惟敬とともに王子一行をソウルへ送らせたのみである」と述べた。

最後に清正は、和議について自分の考えは惟敬や行長とは異なっている。惟敬と行長の唱える和議が成らなかった場合、再会して協議しようと述べた。

以上が清正・惟政最初の会談のあらましである。この会談を通じて、つぎのことが明らかとなる。

① 清正・喜八郎らは内藤如安が沈惟敬とともに、和議折衝のため、明へ赴いたことを知っていた。しかし、彼らはその和議折衝の内容について、それは秀吉の提示する和議条件七ヵ条にもとづく割地・求婚など五ヵ条だと信じていた。したがって、この時点で惟敬・行長らの封貢要求について、清正らはまったく知らなかったのである。

② 喜八郎が惟敬・行長の示す和議条件を知っているかの問いに、惟政はわざと知らぬと答えたが、このことは、朝鮮内部で、和議条件について割地・求婚、あるいは封貢要求などさまざまな風聞があり、いずれが確たるものかはっきりしておらず、清正の様子を探る目的で西生浦に来た惟政とすれば、相手方からその条件を聞き出そうとしたのではあるまいか。

③　惟政は惟敬・行長らが主張するという割地・求婚など五ヵ条が成り立たないと述べた。それに対し清正が喜色を示したことは、沈惟敬・行長が明と和議折衝していることに清正は反感を持っていたことを物語るものである。そして清正は和議について、惟敬・行長らとは異なった考えを持っていると惟政に語った。

④　朝鮮王子問題について、清正は朝鮮王子一行を執えたのは自分であり、彼らを返還したのも自分であると言う。これに対し惟政は、自分でなければ王子らを返還することができなかったという行長の言を伝えた。これに清正は不快感を示した。

⑤　さらに惟政は清正は豪傑であるが、一地方官として秀吉のもとに甘んじていることは忍びない。異国（朝鮮）に住めば、もっと高い地位につくはずだと述べた。これは惟政が清正と行長の不和をみてとり、両者を離間させる発言をしたということにほかならない。

西生浦より帰った惟政らは、同月末、都元帥権慄の駐屯《ちゅうとん》する慶尚南道宜寧《ぎねい》に行き、清正との会談のあらましを報告し、さらに五月五日、全羅北道南原に鎮営する劉綎に復命した。

その報告の中で惟政は、沈惟敬とはどのような人物かと聞き、天子と結婚・朝鮮領土の割譲は身分の低い者であっても、そのようなことは口にせぬと述べた。これに対し、劉綎は「沈惟敬は、ただ封貢を要求して明朝廷と折衝しているにすぎず、求婚・割地などについて、明朝廷の場では一切口に出さない」と言った。

それでは、劉綎はいつの時点で、求婚・割地など、秀吉の要求する和議条件を知ったのだろうか。さらに前年六月末、秀吉が「明使節」謝用梓《しゃようし》・徐一貫《じょいっかん》らに示した和議条件はどのような扱いを受けたのか。惟敬・行長らの封貢要求はどのような経緯をたどって出てきたのか、和議問題をめぐる清正と行長の対処の違いを見るために、これらのことについて見てゆこう。

秀吉の和議条件

先にも述べたように、一五九三年（文禄二）六月二十八日、豊臣秀吉は「明使節」に和議条件七ヵ条を提示した。それは、

第一条、明皇帝の公主を迎え、日本天皇の后妃とすること。

第二条、日明間の通交が途絶え、近年は勘合《かんごう》が断絶している。改めて官船・商船の往来を実現すること。

第三条、明と日本の交流関係が変わることのないよう、両国の大官（地位の高い官職）は互に誓詞《せいし》を交わすこと。

第四条、朝鮮について、先に渡海した軍勢が反逆するものを平らげた。今は朝鮮の国家を安定させ、百姓を安住させる必要がある。そのため、能吏《のうり》な部将を派遣するが、明がわれわれの要求を聞き入れたならば、明の立場を考慮して、朝鮮の逆意を不問とし、朝鮮八道を分割し、そのうち四道とソウルを朝鮮国王に返還すること。

第五条、朝鮮八道のうち四道は朝鮮国王に返還する。その条件として、あらたに朝鮮王子一人と大臣一人を人質として日本へ送ること。

第六条、去年加藤清正が捕らえた二人の朝鮮王子は沈惟敬を通じて朝鮮側に返すこと。

第七条、朝鮮国王の側近には、今後、日本に背かない旨を誓約させること。

以上であった。

翌二十九日、名護屋《なごや》を離れた「明使節」は七月十五日、釜山浦《ふざんぽ》に戻った。この時点で秀吉の和議条件を知っていた明側の人物は、当の「明使節」謝用梓・徐一貫ら、彼らの上司宋応昌《そうおうしょう》、それに沈惟敬ら特定の人物のみであった。しかし、日本の諸将らは当然この条件を知っていた。そして、謝用梓・徐一貫らが偽りの「明使節」である限り、秀吉の和議条件は明皇帝に届くはずもなかった。

ところがこの和議条件が風聞となって朝鮮側に広まってゆく。一五九三年（宣祖二十六）十一月二十一日、秀吉の和議条件を察知した都元帥権慄は、それを国王のもとへ通報した。その内容は、和親・割地・求婚・封王《ふうおう》・準貢（朝貢の許可）・蟒龍衣《もうりゅう》（龍を描いた服。皇帝から虜酋または閣臣に賜ったもの）・印信（国王の印）などを条件としたものであった。

ここでは、秀吉の和議条件にある和親・割地・求婚、それとは別に、惟敬・小西行長らが内藤如安を使者として、明に要求した封王・朝貢などが、封王・準貢・蟒龍衣・印信として伝えられており、両者が混同している。

翌一五九四年（宣祖二十七）二月六日、劉綎が秀吉の和議条件は通婚・割地の両件であり、沈惟敬の持参する表文は秀吉の書でなく、惟敬と行長の仮作であることを朝鮮側に知らせた。さらに同月十七日、全羅道防禦使李時言が日本兵の捕虜を取り調べた結果、秀吉の和議条件は求婚・割地であるとの供述があり、時言はこれを国王に報告した。このように、秀吉の和議条件の核心は求婚・割地にあるのではないかとの疑念が徐々に確たるものとなっていく。

行長の封貢要求

先にも述べたように、内藤如安らが遼東《りょうとう》において、明経略宋応昌から強いられた「関白降表《かんぱくこうひょう》」の内容は封貢要求であった。この明に封貢を要求するという理屈は、第一次朝鮮侵略の前夜から行長・宗義智《そうよしとし》らが唱えていた。

一五九一年（宣祖二十四）閏三月。宗義智の家老柳川調信《やながわしげのぶ》と外交僧景轍玄蘇《けいてつげんそ》らが朝鮮通信使黄允吉・金誠一らを送って朝鮮へ同行したさい、玄蘇は朝鮮側に「秀吉は明との朝貢が途絶えているのを恥じ、朝貢の再開を望んでいる。これが容れられなければ兵端《へいたん》が起きる。日本は朝鮮に明へ入る道を借りたいだけである。朝鮮は明に貢路の斡旋《あっせん》をしてほしい（仮途入明）」と言った。これは前年（一五九〇）十一月、秀吉が朝鮮通信使を聚楽第《じゅらくだい》で謁見したさい、朝鮮に明征服の先導（征明嚮導）を命じたが、それを仮途入明にすりかえたことに由来するものである。ここに封貢要求の起点がある。

第一次朝鮮侵略が勃発した一五九二年（宣祖二十五）六月、行長・義智らの日本軍は平壌を占拠したが、同年九月一日、明兵部尚書石星に遊撃将軍として抜擢された沈惟敬が平壌郊外で行長と会談した。そのさい、行長は日本軍出兵のいきさつについて、明に冊封《さくほう》と通貢を求めるためと説明している。この封貢要求が内藤如安のもたらす「関白降表」にも盛り込まれたのである。

同年閏《うるう》十一月十日、惟敬を接見した朝鮮国王は、明朝廷が秀吉に貢を許し王に封ずるとの風聞について問いただした。それに対して惟敬は「皇帝は貢を許すものの、封王は認めない。これは羈縻《きび》策（繋ぎとめて馴らす策）である」と言い逃れた。

これも先にも述べたことであるが、清正との会談のあと、復命した惟政に劉綎が、惟敬らの明朝廷への要求は封貢であり、求婚・割地などではないと断言したが、惟敬・行長らは封貢要求をおし進めて、秀吉本来の和議条件を握りつぶそうとしたのである。これが清正・行長の不仲をいっそう深めることとなり、朝鮮側にとって離間計画の機会到来となる。

清正・松雲第二・三回会談

秀吉・清正離間の計

一五九四年（宣祖《せんそ》二十七）七月十日、松雲大師惟政《いせい》と李謙受《りけんじゅ》・蔣希春《しょうきしゅん》および通事金彦福《きんげんふく》らは加藤清正《かとうきよまさ》の在番する西生浦《せいせいほ》に来た。翌十一日、清正の副将美濃部《みのべ》金太夫《きんだゆう》喜八郎《きはちろう》は李謙受に清正の伝言をつぎのように伝えた。

「汝らが四月以来、久しく来なかったのはなぜか。おそらく行長らと、ひそかに折衝し、清正を瞞《だま》して誘い込もうとはかったのではないか。どうして麦秋（麦の熟する時期、陰暦四月）を過ぎて来たのか。察するに西成（万物の実ること）を収穫しようとするはかりごとなのではないか。どこに真の講和があるのか」。

これに対し李謙受は「そうではない。日本軍が朝鮮を侵した発端はすべて行長・義智らにある。朝鮮のものは三尺の童でも切歯扼腕《せっしやくわん》している。我が国が尽滅されようとも、決して行長との講和はありえない。われわれが清正と和議を進めようとするのは、清正がみだりに人を殺すことを好まないからであり、王子を礼還した恵に朝鮮国王も謝意を示そうとしている」と答えた。

喜八郎は「劉綎《りゅうてい》は大明の将である。惟敬・行長の和議が成り立つか否かをどうして知らないはずがあろうか。劉綎は和議がすでに成り立ったことを知っていながら、われわれの心を気休めようとする算段なのか」と言う。

李謙受は「惟敬と行長らの提唱する和議が成り立ったならば、劉綎はわれわれをここへ送る理由がない。劉綎は惟敬と行長の和議が成り立たないことを知り、清正と和議について話し合おうというのである」と喜八郎の疑惑を否定し、さらに「清正と秀吉は仲間となって兵を起こしたが、秀吉はどのような徳があって関白となり、清正は何の悪があって臣下となったのか」と聞いた。

喜八郎は「秀吉と清正は同村の人であり、清正の方が若いから臣下となったにすぎない」と言う。

さらに李謙受は「秀吉は村人の僕夫（しもべ）にすぎない。僥倖《ぎょうこう》（思いもかけぬ幸せ）

によって機会をつかみ、その君を簒奪《さんだつ》した。そして今また兵を動かし、日本諸島の人を尽殺し、害は隣国にまで及んでいる。天下の人々が秀吉を怨むのは、ただ仇讎《きゅうしゅう》を怨むにとどまらない。ここに秀吉が求める和議に聞く耳を持たない理由がある。もし他の人が関白となって和を請うならば、それはたやすいことである。清正には人民を慈愛し、王者の気象が有る。どうして秀吉の下人となるのか。劉綎は清正のためにこれを惜んでいる。もし清正が関白になろうというならば、劉綎は助力するであろう」と、豊臣秀吉《とよとみひでよし》と清正を離間させる発言をした。

求婚・割地は秀吉の案

翌十二日、朝食後、清正の従軍僧日真《にっしん》・在田《ざいでん》・天祐《てんゆう》らが惟政に接し、惟敬と小西行長《こにしゆきなが》の提唱する和議が成り立つか否かについて、一問一答した。ついで、その日の夕方、惟政・李謙受・蔣希春および通事金彦福らは、清正の居所で清正・喜八郎、それに日真・在田・天祐らの三僧と問答を重ねた。

清正は惟政らに

一、天子と結婚は事どうなったか、

一、朝鮮王子一人を日本に送り永住させる事はどうなったか、

一、朝鮮を割地して日本の領域とする事はどうなったか、

一、朝鮮の大臣大官を日本へ人質として送る事はどうなったか、
一、旧来のように交隣する事はどうなったのか、
を改めて示し、さらに、
一、大明から人質一人を送ることはどうか、
一、大明はどのような方法で日本通信をするのか、
を付け加えた。

惟政は「前の五ヵ条については、その不可なることをはっきりと答えた。あとの二ヵ条については、われわれが独断で決めることではない。劉綎の処断を仰ぐのみである」という。

これに対し清正は「日本と明の和議条件はこの五件である」と断言した。かくして清正と惟政の問答が始まるが、その要点はつぎのようであった。

その第一は和議条件五ヵ条をめぐる問題である。清正は「惟敬と行長の提唱する講和案は偽りであって、成り立たないものである。われわれの提唱する条件は偽りではない」と言う。

これに対し惟政は「前回の会談で清正は、自分の和議についての考えは惟敬・行長の考

えと異なると言ったではないか。この五ヵ条は惟敬・行長の提唱したものであり、この条件は成り立たないとしたものである。惟敬と行長らの条件が成り立たないのは当然であるが、清正の提示した条件は惟敬と行長らの条件と同じではないか」と反論した。

そこで清正は「この五条件は秀吉の命令である。この条件で和議をまとめないわけにはゆかない」と、これが秀吉の提示した和議条件であると明言した。

惟政は「秀吉の命令であっても、明の意向にも義理にも合わない」と言う。これに対し清正は「この五ヵ条が成り立たなければ、何を条件として和議がまとまるのか」と問い返した。

ついで第二の交隣の問題に話題が移る。惟政は「清正が示した五ヵ条のうち、交隣の一件については、朝鮮が日本に君父の讎があるといっても、受け容れることはできる。その他の四条は惟敬があえて明朝廷に提議しなかったものであり、今さらどうして、この四ヵ条をさらに論議しようというのか。論外である」と言った。

清正は「交隣を条件とすれば、和議はどのようにまとまるのか」と問う。

惟政は「朝鮮は代々源氏（足利氏）と通交し、交易を目的として往来していた。この交易関係以外に付け加えることは何もない」と言う。

清正は「そのようなことでは、三年間にわたって兵を労《つか》れさせた意味がない。功なきものとなる」と言う。

惟政は「たとえ日本が兵を十年動かしたとしても、それは名分のない兵を動かしたものであり、天下の民を騒がせ、みずから動きみずから労れたのであり、われわれに関わりのないことである」と、つれなく答えた。

さらに第三に清正への誘いかけがある。「劉綎はどのようにして和議をまとめようというのか」という清正の問いに対して、惟政は「劉綎の心中は、皇帝に奏上して、清正を日本国王に封じ、兵をもってこれを助けようとすることにある」と誘いをかけた。この発言は十一日の喜八郎に対する李謙受の発言にも見られた。

封貢要求を知った清正

十三日、惟政・李謙受・蔣希春、それに通事金彦福らは清正の居所に入った。清正は惟政らに「昔から朝鮮は日本に属するものであったが、どうしてこのようになったのか」と尋ねた。

惟政は「昔からそのようなことは聞いていない」と返答した。

ついで清正は「日本軍がひとたび出兵すれば、朝鮮人は食糧を草間に隠して盗まれ、あるいは土に埋めて腐らすことになろう。さらに土賊も起こるであろう。飢えたものは日本軍に付くか、さもなければ餓死することとなろう。そこでわれわれは忍んで兵を斂《おさ》め、朝鮮側の動きを見守っているのである」と言う。

これに対し惟政は「兵家の勝敗は分からないものである。昔、楚の項羽《こうう》は百戦百勝したが、一度の敗北で滅んだ。劉邦《りゅうほう》は百戦百敗していたが、項羽と戦った一度の勝利で漢の高祖となった。どうして独りだけ勝ち、その他のものが勝たないという天運があろうか。ほとんどの君子は徳をもって治め、兵力をもって勝敗を決するようなことはしない。惟敬と行長が明に要求しているのは、ただ封貢の両件であり、明皇帝に奏上《そうじょう》したものの、皇帝はこれを許可しなかった。そのため劉綎は清正と解決の道を探ろうとして、われわれをこの西生浦へ遣わした。それなのに兵力の強弱を論ずるのか」と、惟政は惟敬・行長らが明皇帝に封貢要求を提唱していることをはじめて口にした。

これを聞いた清正は「それならば劉綎の和議案は何か」と問う。惟政は「劉綎は清正の人物を見抜き、清正の日本国王実現に助力したいと考えている。これが実現すれば、日本・朝鮮・明の三国は和合することとなる」と言った。

このあと清正は、交隣について、劉綎と慶州で面議したいと惟政に言い、惟政は、そのことを劉綎に報告して、面議の手配をしようと言った。

十六日、惟政一行は十月の再会を約束して西生浦を離れた。

朝鮮側に会見を求めた行長

加藤清正が劉綎と接触しようとしていることについて、小西行長は清正・惟政の第一回会談より前にそれを察知していた。一五九四年（宣祖二十七）三月、行長は劉綎に書簡を送り、「清正が朝鮮側と通じることは、日明《にちみん》両国の和議を妨害するものである」と言い、「清正が朝鮮側に送った書簡があれば、それを入手し、和議折衝を妨害した証拠として秀吉のもとに送って、清正の処罰を仰ぐこととする」と伝えた。

この時点では、清正・惟政会談は行われていなかったが、第二回会談からしばらく過ぎた同年十月、行長は慶尚《けいしょう》右《う》兵使《へいし》金応瑞《きんおうずい》に講和の件につき会見を申し入れた。十一月一日、応瑞はその意向を聞くため、軍官李弘発《りこうはつ》を熊川《ゆうせん》の行長鎮営に派遣した。熊川では、宗義智《そうよしとし》・柳川調信《やながわしげのぶ》・僧景轍玄蘇《けいてつげんそ》・僧竹渓《ちくけい》らが弘発に応対し、

① 日本は南蛮・琉球《りゅうきゅう》とならんで、明の外夷《がいい》となりたい。この旨を朝鮮に頼んで明に達しようとしたが、朝鮮はこれを肯《がえ》んじなかった。そこでやむを得ず挙兵したこと、

② 明側の沈惟敬から講和の提案があり、熊川に退いて待機するも、未だ音沙汰がないこと、

③　朝鮮はわれわれの意向を明に伝え、勅使《ちょくし》を派遣して封爵《ほうしゃく》を許せば、無事にまとまること、

④　これが実現しなければ、来年秀吉は大軍を率いて明を攻めるであろうこと、

⑤　和議条件について、清正が朝鮮に求婚・割地を伝えたようだが、それは秀吉の意向ではないこと、

を述べた。

この場合、①②③は行長や義智らが仮途入明（日本は朝鮮に対し、明に入る道を貸してほしい）交渉以来、一貫として唱えてきたことと変わりはない。④は威嚇《いかく》である。そして、最後の⑤求婚・割地は豊臣秀吉の提示した和議条件でなく、清正が勝手に提唱した条件であるとして、あらたに付け加えたものである。

要時羅の事前折衝

このあと、金応瑞との会談を必要とした行長は通事要時羅《ようじら》（梯七大夫《かけはししちたいふ》）を晋州の慶尚右兵使営に遣わした。この要時羅なる人物は、朝鮮側史料によれば、行長の配下の通事であるが、応瑞に取り入り、行長営の熊川と応瑞営の晋州の間を往来し、日本の陣営では倭服を着用し、朝鮮の陣営に来た場合は朝鮮服を着用し、日本軍の消息を伝えていた。韓国国史編纂委員長であった故崔永禧《さいえいき》さんの説によ

ると、要時羅は二重スパイであったかもしれないとのことである。

要時羅は応瑞に行長と会談する日期と場所を決めてほしい旨を伝えた。そのさい、応瑞は要時羅に「行長は自分と会って何を言わんとするのか」と尋ねた。

要時羅は「明はすでに秀吉の封貢を許しており、朝鮮が明に兵を請うのは誤りであり、行長はこの件についてあなたとの会談を望んでいる」と述べた。

これに対し応瑞は「それは虚伝である。朝鮮としては明の処置に従うのみである。ところが、日本軍はことごとく渡海し、ただ一～二陣が留って明皇帝の命令を待っているのみであると、沈惟敬が皇帝のもとに伝えたが、日本軍は今に至るも退かない。皇帝はこれに激怒し、命令を取りやめた。これでも朝鮮の責任か」と反論した。

つぎに要時羅は「求婚・割地は行長が提唱したものではない。ましてや秀吉の出した和議条件でない」と述べ、さらに、惟政が西生浦の清正営を訪ねたことにつき、清正に通じて、行長に通じないことを責め、「清正は和議をまとめる立場にない。和議をまとめるどころか、ただ人を殺戮して功を欲するものにすぎない。清正の書状があれば、それを譲りうけ、秀吉に報告して清正への処罰を期待したい」と、行長と同じことを述べた。

これらの問答のあと、行長と応瑞会談の日期と場所を取り決めて、要時羅は行長のもとへ帰った。

清正を非難した咸安会談

行長の通事要時羅が金応瑞に行長との会談を申し入れたことにより、十一月二十二日、慶尚南道咸安《かんあん》で会談がもたれた。会談はつぎのような問答で進行した。

行長は言う。「日本が明に封貢を求めて三年になるが、それは未だ許されない。沈惟敬の折衝によって、明は封貢を許し、使者を日本へ派遣しようとした。しかし、朝鮮と劉綎はそれを阻止しようとした。朝鮮は明に奏聞して日本への封貢を実現させてほしい」。

応瑞は答えた。「朝鮮にとって、日本は共に天を戴《いただ》くことのできない讐《しゅう》敵《てき》である。朝鮮としては、明に日本を封貢してほしいと奏聞することはできない」。

行長は言う。「日本にはもともと朝鮮を攻める意図はなかった。ただ、封貢を求める意志を明に伝えて欲しかっただけである。ところが朝鮮は干戈をもってこれに応じ、やむなく戦いとなったのだ」。

応瑞は「日本軍は和議を進めるかたわら、晋州を陥した。これにより、行長・義智らの講和説は信じられない」と答え、ついで、清正の言をひき、「日本が朝鮮を侵したのは行長・義智らの進言によるものという。また、朝鮮王子を返還したのは清正の功であるという。さらに行長は秀吉を欺《あざむ》き、明皇帝に公主を秀吉の子に降嫁《こうか》させる意図があると述べたという」と付け加えた。さらに応瑞は「沈惟敬は明皇帝を欺き、行長は日本軍をことごとく撤兵させ、わずかの兵を釜山に留めて、封貢許可の命を待つと言ったが、日本軍は撤退していないではないか。これでは皇帝は封貢を許さず、和議は成立せぬ」と断言した。

行長は言う。「晋州攻撃は秀吉の命令によるものでやむをえなかった。自分は晋州を空城にすれば、人々は助かると進言したが、朝鮮はこれを信じてくれなかったのだ。朝鮮攻略を進言したのは自分でない。秀吉の前で諸将が議定したことである。公主降嫁は自分が主張したことでなく、先に惟政と清正の会談のさい、清正が公主降嫁と朝鮮割地を述べ、明を恐嚇《きょうかく》したことによるものである。その時の清正の文書があれば、渡してほしい。われわれはそれを秀吉に送り、清正を処罰し、朝鮮から撤退させることとなろう。清正は朝鮮王子を殺そうとした。このため、自分は秀吉に陳述して王子を助け、朝鮮側に返還したのである。朝鮮が日本への封貢許可を明に奏聞すれば、われわれはその恩は忘れない」。

これに対し応瑞は「日本がこれまでの過ちを悔《く》い、降書を差し出せば、それを明へ転送しよう。もし日本が冊封を受けたならば、明の正朔《せいさく》（大統暦）を用いるか、あるいは日本の正朔を用いるか」と尋ねた。行長は、もちろん明の正朔を用いると返答した。

その後、行長からの降書が朝鮮側に届いたが、その辞意は侮りを極め、引罪乞憐の状がなかった。

この咸安会談で清正と行長の対立点がいっそうはっきりした。その一つは王子を返還した功績は誰のものかということである。清正・行長はそれぞれ自分の功績であるという。もう一つは和議条件をめぐる問題であり、明に封貢を求める行長は、公主降嫁と朝鮮割地、すなわち、もともと秀吉が提示した和議条件は清正が提唱したことであり、惟敬・行長、それに秀吉は関わりないことを再度強調したことである。そして行長は朝鮮に封貢要求を妨害したと非難し、かさねて朝鮮から明へ日本への封貢許可を奏聞してほしいと言うのである。

清正・行長の不仲

行長は和議条件について封貢を提唱し、清正は公主降嫁と朝鮮割地を提唱する。朝鮮王子の扱いと返還をめぐって両者は自己の功を主張しあう。朝鮮側が清正と行長それぞれとの接触を重ねるにつれ、ここに清正・行長の不仲が予想以上に深いものであることがあらわとなった。朝鮮側はそこを衝《つ》く。

清正と惟政の第二回会談のあった翌月、行長の意向を受けて宗義智・柳川調信は金応瑞に書輸《しょかん》を送った。その書輸は、第一に、第一次朝鮮侵略の前夜より、行長・義智らが朝鮮に仮途入明あるいは封貢要求を明へ斡旋《あっせん》することを願い、これを聞き入れねば戦禍が起こると警告した。しかし、朝鮮側はこれを信じなかった。このため今日の事態に至ったという経緯を説明したものである。これは行長・義智・調信、さらに景轍玄蘇らがしばしば明・朝鮮側に説明してきたことの繰り返しである。第二は朝鮮王子を虜《とりこ》にした清正は王子らを殺そうとしたため、行長らがこれを救い、日本から還った謝用梓・徐一貫らに従わせて返還したという。そのうえで、第三に、朝鮮との旧交回復を求めたものである。

慶尚道観察使韓孝純《かんこうじゅん》はこの書翰を応瑞より受け、朝鮮国王のもとへ送って処置を仰いだ。

八月二十八日、国王は大臣らを集めてこれに対する処置を検討した。そのさい、領議政〈朝鮮中央官制のトップである議政府〈内閣〉の首職。正一品《しょういっぴん》。その下に左議政と右議政〈ともに正一品〉〉柳成龍は「宗義智の書翰から察するに、清正・行長の不仲は、朝鮮にとって絶好の機会到来である。行長が行動を起こそうとしても清正はそれに応じないだろうし、清正が動こうとしても、行長は従わないであろう。この義智の書翰を清正に送りつけ、清正と行長を離間させることができよう」と提案した。

八月三十日、朝鮮側は義智・調信の書翰に対する返書を起草した。そのさい、義智らの書翰および返書の文言のメモを慶尚道観察使のもとに送り、清正の西生浦営中に出入りする者を使って、そのメモを投げ文させることとした。さらに先に西生浦で清正との会談に赴いた惟政の還るのを待って日本軍の状況を聞き、乗ずべき機会があれば、慶尚左兵使高《こう》彦伯《げんはく》の軍官李謙受を西生浦に派遣し、清正の副将美濃部金大夫に「行長らは使者を朝鮮側に往来させ、朝鮮王子返還は清正の行為でなく、行長の功によるものであり、和議はすでにまとまったと述べている」と、ひそかに語らせることとした。このように、清正と行長を離間させる計画が進行したのである。

清正・行長離間工作

この方針により、かねてから日本軍の営中に潜入し、その動静を探っていた東萊《とうらい》校生（校生は地方の文廟《ぶんびょう》＝郷校の儒生《じゅせい》）宋昌世《そうしょうせい》が慶尚右道の日本陣営一帯（ここには行長の熊川営あり）に噂を広めることとなった。その噂とは、「明は秀吉に封貢を許すこととし、その使節を派遣することになっていたが、明副総兵劉綎の陣営に出入りしていた清正の兵が『行長らには請和の意志はまったく無く、久しからずして、兵を起こして叛乱するであろう』と言った。これが明皇帝の耳に入り使節の派遣が決まらなくなった。これは清正の仕業である」というものであった。これにより行長らをゆさぶろうとするものであった。

他方、慶尚左道西生浦を中心とする清正の陣営一帯には、慶尚左兵使高彦伯の軍官李謙受が「行長が清正に憤恨の意を向けている」との噂を広め、清正を激昂させることとした。さらに朝鮮側は東萊・釜山《ふざん》・金海《きんかい》一帯に「清正は明と手を組み、行長を撃とうとしている」と噂を流し、清正と行長を相戦わせる奇策を立てた。この策は成功しなかったものの、清正・行長の確執はさらに尾を引くこととなる。

松雲の西生浦遅参

一五九四年（宣祖二十七）十一月六日（日朝同暦）、惟政は前回の加藤清正との約束にしたがって、三回目の会談のためソウルを出発した。同月二十一日、慶尚道《けいしょうどう》に陣を構える都元帥権慄《とげんすいごんりつ》のもとに留まること数日。翌十二月九日（日本暦八日）、慶州《けいしゅう》に到着した。ここで惟政は慶尚左兵使《さへいし》高彦伯の軍官李謙受・蔣希春らを通じ、清正のもとへ会談の期日に遅れたことの詫状を届けた。それはソウルで中《ちゅう》風《ふう》に罹《かか》り、四十日間ほど呻吟《しんぎん》したこと、慶州まで来たものの、病は回復せず、飲食もままならないことをあげ、二十一日もしくは二十二日あたりに蔚山《うるさん》城隍堂《こうどう》江口で会談することを申し入れたものであった。

清正の誤解と松雲の弁明

二十三日（日本暦二十二日）、惟政は高彦伯の軍官辺翼星《へんよくせい》・鄭希韶《ていきしょう》・李謙受らと左兵営城東に至った。ここに清正の代理として副将美濃部金大夫および僧日真らが来て、惟政との会見を拒否するという清正の意向と理由を伝えた。その理由とは、

① 慶尚右兵使金応瑞が小西行長・宗義智とすでに和議を結び、釜山・東莱・機張《きちょう》などの陣に通報していること、

② 惟政もまた行長らと好《よし》みを通じて、すでに和議をまとめた。惟政の来見は清正をこの和議案に誘おうとする裏切行為であると、惟政を責めたものであった。

惟政は再三弁明したが、その誤解は解けなかった。ついで喜八郎は李謙受らのみを西生浦へ連れて行こうとした。やむなく惟政は朝鮮二王子の書および鷹子・豹皮などの贈物を清正に進呈するため、それを謙受らに渡し、慶州に還ることとなった。一方、謙受らは西生浦営に至ったものの、清正は謙受らに会おうとせず、日真・在田・天祐らの侍僧を通じて、臨海君《りんかいくん》の弟順和君《じゅんわくん》および使臣二〜三員を秀吉のもとに送れば、和議は決着するとの意向を伝えた。これにより謙受らは空しく西生浦より還ったのである。

まさにこの日、明皇帝は秀吉を日本国王に封ずる勅諭《ちょくゆ》を下していた。

朝鮮再侵略と清正の蔚山籠城

秀吉冊封と勅使逃亡

秀吉冊封の和議三条件

一五九四年（万暦《ばんれき》二十二）十二月七日（日本暦六日）、内藤如安《ないとうじょあん》らの一行は北京《ペキン》に到着した。ついで十四日（日本暦十三日）、如安らは明《みん》皇帝に拝謁《はいえつ》した。おそらく「関白降表《かんぱくこうひょう》」はここで捧げたものと思われる。その後、明兵部尚書石星《ひょうぶしょうしょせきせい》らは如安に、

① 釜山浦《ふざんぽ》周辺に駐屯《ちゅうとん》する日本軍は対馬《つしま》に留らず帰国すること、
② 秀吉は冊封《さくほう》のほか貢市を求めず、
③ 日本は朝鮮と修好し、ともに明の属国となり他国を侵犯せず、

という和議三条件を提示した。如安はこれを認めた。

このような経緯を経て、明礼部《れいぶ》は豊臣秀吉《とよとみひでよし》に誠意ありと認め、秀吉を日本国王に冊封することを奏上した。これにより同月二十三日（日本暦二十二日）、皇帝は秀吉を日本国王に封ずる勅諭《ちょくゆ》を下し、三十日（日本暦二十九日）、永楽帝《えいらくてい》の冊封を先例とし、秀吉を日本国王に封ずる誥命《こうめい》および冠服・金印の作成を命じ、臨淮侯《りんわい》勲衛李宗城《りそうじょう》を冊封日本正使に、五軍営右副将署都督僉事楊方亨《ようほうこう》を副使に任命したのであった。ここに秀吉の和議条件七ヵ条が秀吉の日本国王冊封にすり替わったのである。

冊封使のソウル到着

李宗城と楊方亨の冊封正副使一行は、一五九五年（万暦二十三）一月三十日（日明同暦）、北京を出発した。このあと二月三日（日明同暦）、明皇帝は沈惟敬《しんいけい》を釜山浦へ先行させ、小西行長《こにしゆきなが》に、①日本渡航の船舶の準備、②釜山浦周辺の日本軍の撤退、③内藤如安が誓約した三件（釜山浦駐留の日本軍は対馬に留まることなく、それぞれの国へ帰ること。秀吉には封のほか、別に貢市を許さぬこと。日本は朝鮮と修好し、ともに明の属国となり、朝鮮を侵犯せぬこと）について、日本・朝鮮間の調停をさせることとした。

同年四月七日（日本暦六日）、冊封使一行は義州に至った。ついで同月二十八日（日本暦二十七日）ソウルに着き、朝鮮国王はこの一行を慕華館《ぼかかん》に迎えた。ここで冊封使らは「明が秀吉を冊封することとなったからには、日本軍の朝鮮駐屯は一兵たりとも許すものではない。ところが当初、行長は、冊封使が鴨緑江《おうりよっこう》を渡ったらただちに撤退すると言い、我々が鴨緑江を渡った後、冊封使がソウルに到着したら撤退すると言う。これでは、我々がソウルに到着した後、冊封使が居昌《きよしよう》・密陽《みつよう》まで来たら撤退すると言い、さらに釜山まで来たら撤退すると言うだろう」と、その不誠実を指摘し、撤退せねば日本に渡らぬ様子をみせた。さらに宗城は冊封使に朝鮮陪臣の随行を求めた。

駐留を続ける日本軍

一方、行長は同月三十日（日本暦二十九日）、明冊封使の来日が間近いことを秀吉に報告するため、日本に渡り、加藤清正《かとうきよまさ》が執拗《しつよう》に撤退しないため、冊封使はソウルに留まったままでいる旨を伝えている。

ところが沈惟敬に随行していた朝鮮官人黄慎《こうしん》が日本軍の様子を見たところ、「すべての日本軍には撤退の意志など毛頭なく、彼らは兵糧《ひようろう》を蓄え、建物を増築し、つねにいそがしく動きまわっている。行長は沈惟敬が釜山浦の日本営に到着したら、日本軍を即時撤退させるという。しかし、惟敬が釜山の日本営に到着しても、日本将は各鎮営を往来して謀議を図っている。これは明朝を欺くものであり、彼らを信ずることができない。万一の場合に備えて防備策をとらねばならない」と国王のもとに報告している。行長の意向に応じなかったのは清正だけではなかったのである。

見せかけの番城破却

慶尚道一帯の番城《ばんじろ》を破却し、日本軍が朝鮮から撤退しなければ、日本へ渡海せぬとの冊封使の姿勢を伝え聞いた秀吉は、五月二十二日（日朝同暦）、慶尚道《けいしょうどう》南岸一帯にある番城《ばんじろ》十五ヵ所のうち、十ヵ所の破却を小西行長と寺沢正成《てらさわまさなり》に命じた。この指示により、六月二十六日、慶尚道熊川《ゆうせん》の陣営に戻った行長と舟奉行寺沢正成は、釜山・東萊の毛利秀元《もうりひでもと》・吉川広家《きっかわひろいえ》らの番城、西生浦・機張の加藤清正・黒田長政《くろだながまさ》の番城を破却し、その房屋を焼き壊すこととした。さらに翌七月、巨済《きょさい》島の福島《ふくしま》正則《まさのり》・戸田勝隆《とだかつたか》ら四国衆の番城破却を命じた。

この撤退の様子について、明側から調査が入った。明冊封使の差官張万禄《ちょうまんろく》が朝鮮官人南好正らと地図を広げて番城の位置を確認し、釜山から熊川・金海《きんかい》・巨済島一帯をまわったところ、熊川地域では、宗義智《そうよしとし》はその番城を破却し、行長の営に移ったものの、九鬼嘉《くきよし》隆《たか》・加藤嘉明《かとうよしあき》・菅達長《かんみちなが》らの拠る薺浦《せいほ》・安骨浦《あんごっぽ》城は未だ撤収していなかった。また金海地域では、鍋島直茂《なべしまなおしげ》管轄の竹島《ちくとう》の徳橋支城は破却したものの、金海竹島城そのものは未撤収であった。さらに巨済島では戸田勝隆の松真浦《しょうしんほ》城、福島正則の場門浦《じょうもんほ》城は破却したものの、島津忠恒《しまづただつね》の永登浦《えいとうほ》城は未撤収であった。張万禄は行長に日本軍の即時撤退を迫ったが、それは容易なことではなかった。

八月末、行長・正成らは明側に番城破却の跡を見聞させるため、巨済島に在陣していた福島正則・戸田勝隆・島津忠恒らを加徳島《かとく》へ撤退させたが、島津氏の場合、十月上旬、加徳島でふたたび城普請《しろぶしん》を始めている。また、清正は秀吉の命令を待つと称して、兵を率い、西生浦と釜山の中間地点にあたる機張に駐屯していた。

撤退の意志なき清正

一五九五年（宣祖二十八）七月十一日（日朝同暦）、明冊封副使楊方亨が、正使李宗城に先立ちソウルを発し釜山に向かった。朝鮮側から吏曹判書李恒福が接伴使としてこれに随行した。一方、正使李宗城は九月四日（日本暦三日）にソウルを出発した。

八月、方亨は慶尚南道居昌に至り、慶尚道南岸一帯の番城に布陣する日本軍の撤退をせまり、撤退せねば冊封使は慶尚道に来ない旨を沈惟敬を通じて小西行長に伝えた。そのあと密陽に至った。

十月十一日（日朝同暦）、副使楊方亨は釜山の日本陣営に到着した。しかし、行長は仮病を使って方亨に会おうとしなかった。おそらく日本軍の撤退が思惑どおりにならなかったからであろう。翌十二日、方亨は行長・景轍玄蘇《けいてつげんそ》らと会見し、日本軍が朝鮮から完全撤退しなければ和議は成り立たないと、きつく責めた。方亭がつかんだ情報では、十六の番城のうち十ヵ所が撤去されたのみで、それは番城全体の五分の三にすぎないという。とりわけ明・朝鮮側に兇悍として知られる清正については、方亭が密陽に至ったとき、行長から「清正はまもなく撤退する」との知らせを受けていた。しかし、清正は八千ほどの兵を率いて撤退の気配はないと指摘した。

一方、正使李宗城の動きはどうであったろうか。九月六日、宗城一行は忠清南道天安から全義に向かっていた。この時、釜山より、慶尚左右道の日本軍は日本へ渡海するも、清正は秀吉の命令を待つと称して、兵千余名を率いており、慶尚右道林浪浦《りんろう》にも二百余の日本軍が駐留しているとの報告が届いた。

宗城一行はさらに路を先に進め、九月十五日、全羅北道任実《ぜんらほくどうにんじつ》から南原《なんげん》に至った。ここで宗城は客舎に厨房を設けるなど、長期駐留の計画を立て、容易に南原から動こうとしなかった。これに気をもんだ行長（行長はこの年四月末、日本へ行き、六月末、朝鮮に戻っている）は腹心の部下に二十名ほどの兵卒を添え、南原に遣わし、宗城一行の様子を探らせている。おそらく前日、撤退を拒む清正らの動きを聞いた宗城は逡巡《しゅんじゅん》したものと思われる。

十月下旬、副使楊方亭は清正にはまったく日本へ撤退する意志がないものと判断した。

このため、やむをえず、まず正使李宗城の入来を迎え、そのあと清正を渡海させる方針をとった。これにより十一月末、正使宗城は釜山に到着し、十二月一日（日朝同暦）、小西行長・寺沢正成・景轍玄蘇らは、冊封正使・副使に行礼し、明皇帝が秀吉にもたらした金印と「爾《なんじ》関白を封じて日本国王と為す」の誥命に拝礼することとなったのである。

李宗城の辞意表明

ところがこのころ、日本軍は明冊封使の日本渡海の後も釜山に船を置き、通行の便をはかろうとしているとの風聞が流れた。慶尚左道観察使洪履祥らはその旨を冊封正使李宗城に通報したが、宗城からそれに対する回答は来なかった。また、沈惟敬の接伴使となっていた朝鮮官人黄慎が日本陣営の様子を探ったところ、機張《きちよう》や豆毛浦《とうもうほ》などでは、日本軍が築城を再開し、木材・石材を運搬する兵卒らにより、道路は混雑し、邑城《ゆうじよう》の石を抜き出され、近所の巌石は取られ、稲粟は刈り取られ、日本陣営の中に積み置かれていた。このように日本軍の完全撤退どころか、秀吉の命令を待つものとして、清正ら長期駐屯の構えを崩さない勢力があり、行長は朝鮮在陣の諸大名全体の動きをまとめることができなかった。

この問題が未解決なまま、明けて一五九六年（宣祖二十九）一月初旬、小西行長と沈惟敬は明冊封使を迎える手筈を整えるため、釜山浦を解纜《かいらん》して日本に向かった。

釜山周辺でこのような混乱が起きているころ、北京では兵部尚書石星が事態の成り行きを気にかけていた。石星は惟敬と行長の封貢奏聞《そうもん》の推進者であり、一刻も早く和議をまとめたいと望んでいた。同年三月、石星は日本軍が恭順ならば日本に渡海せよという皇帝の命令にもとづき、冊封正使李宗城に早期渡海を促した。ところがこの時、宗城は冊封正使の辞意を表明していたのである。

冊封望まぬ秀吉の風聞

同年三月ころ、李宗城のまわりを、さまざまな忠告や風聞がとりまきはじめた。明朝第十三代皇帝穆宗《ぼくそう》（隆慶帝《りゅうけいてい》）の瑞安公主の婿である万煒《ばんい》が李宗城に書簡を送り、日本軍が明に従うか従わないか、それを事実にもとづいてそれを直陳せよという。

また明経略孫鉱《そんこう》が冊封使をソウルまで退駐させよと言っているとの風聞もあった。孫鉱は先に行長と日本に渡った沈惟敬の帰りの遅れを憂慮し、ここに日本軍の画策があるのではないかと疑い、冊封使は軽率に日本へ渡海すべきでないと考えていたのである。さらに当初から和議を唱えていた明兵部尚書石星が、その妻子を郷里に送り、自分は罪を得て死ぬ覚悟であるとの風聞も流れた。そして、去る一五九三年（文禄《ぶんろく》二）、「明使節」と称して肥前名護屋の秀吉のもとに赴いた謝用梓《しゃようし》・徐一貫《じょいっかん》が秀吉の提示した和議条件を偽作したことにより（実際は握りつぶした）、秀吉の望む条件は成就せず、秀吉は怒って沈惟敬を捕縛したとの風聞も流れた。

このような風聞がうずまく中、明福建の出身で蕭鶴鳴《しょうかくめい》と王三畏《おうさんい》なる者が、日本陣営から李宗城のもとに来て、「秀吉には明の冊封を受ける意志はなく、冊封使が日本へ渡れば、これを拘囚して困辱を加え、明には歳賄を要求し、ふたたび兵を朝鮮に派遣するという。和議はまとまらない。冊封使が秀吉のもとに赴けば、君命を辱《はずかし》めるだけである」と伝えた。

李宗城逃亡と清正欣喜

そして四月三日（日本暦二日）の夕刻、宗城は宗義智・松浦鎮信《まつらしげのぶ》らを招宴し、日本軍の朝鮮撤退の遅れ、日本に渡った小西行長の回還《かいかん》の遅れを責問した。さらに宗城は、聞くところによると、秀吉には別の和議条件があるとのことだが、それは本当かと義智に詰問した。ここで義智は「それは納質（朝鮮王子と大臣の人質）・通商（交隣・日明勘合《かんごう》の復活）・割地（朝鮮南四道の割譲）・皇女（明皇帝の公主の日本天皇への降嫁）の四件（秀吉の和議七ヵ条のこと）である」と答えた。これにつき宗城は「この内容では明皇帝は許可しない。自分は日本へ渡海すべきではない。明へ還る」と述べた。

これに対し義智は「冊封使らが明へ帰国しようとしても、われわれが見張っているかぎり、どのようにして釜山から出ることができるのか。また食糧などもないであろう。日本へ渡海しないわけにはゆかない」と脅しをかけた。

事、ここに至り、宗城はこの日の夜半、印章・冠服・輜重《しちょう》（旅人の荷物）を捨て、変装して釜山の日本陣営から逃亡した。翌朝、宗義智らは宗城の逃亡を知り、宗城を追跡するとともに、副使楊方亨も逃亡するのではないかと疑い、その館を囲んだ。方亨は義智に「宗城の逃亡は日本軍が陣営に長く留まり撤退を遅らせているからである」と言った。このあと李宗城の逃亡を知った清正は「自分はもともと本物の明使かどうか、日本を欺くのではないかと疑っていた。はたしてそうであった」と欣喜した。

李宗城の逃亡は明朝廷にも衝撃をあたえた。しかし、冊封使の日本渡海を中止するわけにもゆかない。五月三日、やむなく明は副使楊方亨を対日本冊封正使に累進させ、沈惟敬を副使に任命することにより、秀吉の冊封を進めようとした。

三成・行長の清正讒訴

封貢成就をねらう讒訴

話は少し前後する。小西行長《こにしゆきなが》が明冊封使《みんさくほうし》を迎える手筈協議のため帰国したことはすでに述べた。それは一五九六年（宣祖《せんそ》二十九・文禄《ぶんろく》五）一月初旬のことである。そして行長が釜山《ふざん》に戻ったのは、同年四月下旬のことである。この間、行長は明冊封使を迎える準備を調えるかたわら、石田三成《いしだみつなり》とはかって、加藤《かとう》清正《きよまさ》を豊臣秀吉《とよとみひでよし》に讒訴《ざんそ》した。その内容はつぎのようなものであった。

①　清正は朝鮮で戦功をあげたものの、明・朝鮮側に向かって、秀吉から任命された一方の先手小西行長のことを堺の商人にすぎないと悪口を言った。これは日本の外聞に関わる問題であり、さらに行長を抜擢《ばってき》した秀吉の目利きを蔑《ないがし》ろにするものであること、

②　秀吉から許されていないにもかかわらず、清正は自分のことを勝手に豊臣朝臣と名乗り、明皇帝に勅答したこと、

③　行長が才覚をもって日本と明との和睦を進め、そして冊封正使李宗城《りそうじょう》が金銀珠玉を持参し結構な様子で釜山に至った時、清正家臣三宅角左衛門《みやけかくざえもん》（鉄炮大将）がこの勅使に追剝狼藉《おいはぎろうぜき》行為を行い、和議を妨害した、

というのであった。

三成・行長の讒訴を聞いた秀吉は、清正の行為を言語道断沙汰の限りとみなし、日本へ呼び戻し、切腹させることとした。

この讒言《ざんげん》の背後にはつぎのような事情があげられる。すなわち、清正が行長を堺《さかい》の商人にすぎないと言ったというのは、一五九三年（宣祖二十六）二月、明軍の参将馮仲纓《ひょうちゅうえい》と清正との会談に見られたことである。しかし、より根本的な問題は、清正が朝鮮の松雲大師惟政《だいしいせい》との会談の中で、秀吉が本来提示した朝鮮領土の割地・明公主の日本天皇への降嫁《こうか》などの和議条件七ヵ条を主張して譲らなかったことにあろう。行長と沈惟敬が内藤如安《ないとうじょあん》を秀吉の降伏使節と詐称し、封貢要求をかかげて明皇帝のもとに送り込んだものの、行長の封貢要求に対する疑いが、明の間でも朝鮮の間でも浸透していった。そして、清正の主

張する和議条件こそが、秀吉の本当の要求であろうとの思惑が広まっていた。だからこそ行長は朝鮮領土の割地・明公主の日本天皇への降嫁などは清正一人の言い分であると、明・朝鮮側に説明したのである。

行長と三成が讒訴したのは李宗城逃亡より前のことである。したがって、行長としては、清正を排除して、何としても明冊封正使李宗城の来日を実現し、自分のシナリオどおりに和議をまとめたかったのである。そこで清正と不仲であった三成と組んで清正を讒訴したのである。

行長と三成の讒訴により激怒した秀吉は清正の召喚《しようかん》を命じた。そしてこの四月、清正の召喚と切腹のあることを伝える秀吉の使者が西生浦に来たのである。急遽帰国となった清正は、五月十日、西生浦・豆毛浦（現、慶尚南道《けいしようなんどう》釜山市機張《きちよう》郡機張邑竹城里《ちくじようり》）などの番城《じろ》を焼き尽くし、釜山浦を解纜し日本へ向かった。朝鮮側では、清正の急遽撤退について、何かあらたな策略があるものととらえていた。

清正の蟄居と大地震

一五九六年（文禄五）五月十四日、清正は対馬に着岸した。そして国元へ戻る家臣吉村吉左衛門《よしむらきちざえもん》らに、町人・百姓の夫役《ぶやく》年貢未進の取締まり・田畠の検見《けみ》など九ヵ条の法度を下して国元の安泰をはかり、みずからは直接上洛すると、その覚悟のほどを伝えている。

清正が伏見に参着したのは六月上旬のことである。早速清正は豊臣奉行《ぶぎょう》の一人、増田《ました》長盛《ながもり》と会った。このころ、清正と長盛は入魂《じっこん》の間柄となっていたのである。そして清正は長盛につぎのことを訴えた。
①　三成らが秀吉に讒言したことにより、朝鮮に上使《じょうし》が来て秀吉の召喚命令を伝えたこと、
②　自分と三成の不仲は秀吉も知ってのとおりであるが、自分はここ数年間、朝鮮において辛労を重ねたものの、ソウルへは一番乗りし、朝鮮王子兄弟を捕らえ、臨津江《りんしんこう》の戦いでは朝鮮軍を川に追い落とし、晋州《しんしゅう》の戦いでも一番乗りの戦功をあげた。この戦功に肩を並べるものは日本国中に誰一人としていない。忠賞こそあって然るべきところ、讒言によって切腹とは言語道断である、
と。

これを聞いた長盛は「三成と仲直りすれば事は丸く収まる。明日にでも仲介しよう」と言ったが、清正は「三成とは一生仲直りせぬ。その理由は、朝鮮における数度の合戦に、三成は一度も加わらず、人の陰口をたたき、讒言をかまえ、人を陥れることをはかったの

図14　伏見城へ駆けつける加藤清正（『教訓名画集』より）

であり、このようなものとは仲直りできない」と、長盛の提案を断った。清正にとって三成もまた不倶戴天の敵であった。このあと清正は伏見の私邸に戻ったが、秀吉からは対面も許されず、蟄居《ちっきょ》することとなる。清正・三成のこの確執は、一五九二年（宣祖二十五）七月、三成が朝鮮奉行としてソウルに赴任した直後から芽生えていたが、それは関ケ《せきが》原《はら》の戦いまで続くこととなる。

清正が秀吉の逆鱗《げきりん》に触れて蟄居中であった一五九六年（文禄五）閏《うるう》七月十三日の丑《うし》の刻（午前二時）、大地震が畿内一帯を襲った。この地震の大きさはどのようなものであったろうか。それについては、醍醐寺三宝院門跡《だいごじさんぼういんもんぜき》義演《ぎえん》の『義演准后《じゅごう》日記』に詳しい。その日記によると、秀吉が近隣諸国の使節を謁見するために築いた伏見《ふしみ》城、その城門・城郭《じょうかく》・御《ご》殿《てん》は転倒、あるいは崩れ、その下敷きになった多くの御番衆《ごばんしゅう》が死んだという。また秀吉が精魂こめて造立《ぞうりゅう》した方広寺《ほうこうじ》の大仏は大破し、左腕と胸の部分が崩れ落ちたという。さらに京都の町のいたるところで大地が裂け、多くの庶民がそこに落ちて死んだという。

いささか私事にわたって恐縮であるが、私の大学時代のクラスメイトに三浦真厳という名のお坊さんがいる。平敦盛《あつもり》の菩提寺として知られる神戸須磨《すま》寺正覚院の住職である。その真厳和尚《おしょう》が須磨寺所蔵の『当山歴代』を見せてくれたことがある。『当山歴代』は平安時代末期から江戸時代にわたって書き継がれてきた寺の年代記である。その文禄五年の箇所に慶長《けいちょう》地震の記録があった。須磨寺の本堂・三重宝塔・権現《ごんげん》は転倒し、九輪は境内蓮池まで飛んだと記されている。その距離は約一五〇㍍である。また、須磨寺の飛地（現、須磨浦公園）に建てられていた敦盛石塔（胴塚《どうづか》）は中浜まで飛んだとある。真厳和尚によれば、中浜は現在、JR山陽線と国道二号線が平行して走っている海岸線あたりであり、石塔からの距離は約五〇㍍であるという。この敦盛石塔は一九九五年（平成七）一月の阪神・淡路大震災のさいにも、この石塔の上部が飛んだ。これは当時の写真ではっきりしているが、その距離はせいぜい一〇㍍ほどである。ここに慶長地震の大きさが阪神・淡路大地震のそれをうわまわるものであったと推測される。

話題をもとに戻そう。この地震の時、蟄居中であった清正はすぐさま二百人ほどの足軽《あしがる》に倒壊物を片付けるための鉄梃子《かなてこ》を持たせ、伏見城へ駆けつけた。その時、秀吉は女の装束をすっぽりとかぶり、北政所《きたのまんどころ》・側室松の丸・侍女高蔵主《こうぞうす》らと大庭に避難していた。

清正は大声で高蔵主を呼び、秀吉の勘気をこうむった身なれど、崩れた建物に押し込められているのではないかと気を遣い救いに来たことを告げた。秀吉は「気のきいた者かな」と言った。そのあと、清正は高蔵主に向かい、秀吉にも聞こえるように大声で、ソウルへの一番乗りしたこと、臨津江の戦いで勝利したこと、朝鮮王子を捕らえたこと、咸鏡《かんきょう》北道《ほくどう》兵使韓克諴《かんこくかん》を捕らえたこと、晋州の戦いで一番乗りしたことなど、朝鮮渡海以来数年間の自分の戦功を並べたてた。そして、このような戦功をあげた自分が行長・三成らから讒訴されるいわれはなく、これは天道も知っていると熱弁をふるった。ここに秀吉の勘気はとけ、清正は家臣を配置して秀吉の警固にあたることとなったのである。

清正の朝鮮再渡海

和議の破綻

先に述べた冊封《さくほう》正使李宗 城《りそうじょう》の逃亡により、副使楊方亨《ようほうこう》が正使へ昇格し、それまで豊臣秀吉《とよとみひでよし》の冊封をお膳立《ぜんだ》てしていた沈惟敬《しんいけい》が副使となって、日本へ渡海することとなった。この場合、副使沈惟敬は正使楊方亨に先んじて、一五九六年（文禄五）六月末、伏見に到り秀吉に拝謁している。そして正使楊方亨は八月半ば、堺《さかい》に着いている。これら冊封使には、朝鮮側から通信使《つうしんし》が同行した。それは楊方亨らがそれを強く求めたものであり、朝鮮内部では賛否両論の論議があったが、結局、敦寧都正黄慎《こうしん》を通信正使、大邱府使朴弘 長《ぼくこうちょう》を通信副使として冊封使に随行させることとなった。

秀吉は朝鮮通信使の来日を喜び、当初、通信使にも会うといっていたが、朝鮮側が王子

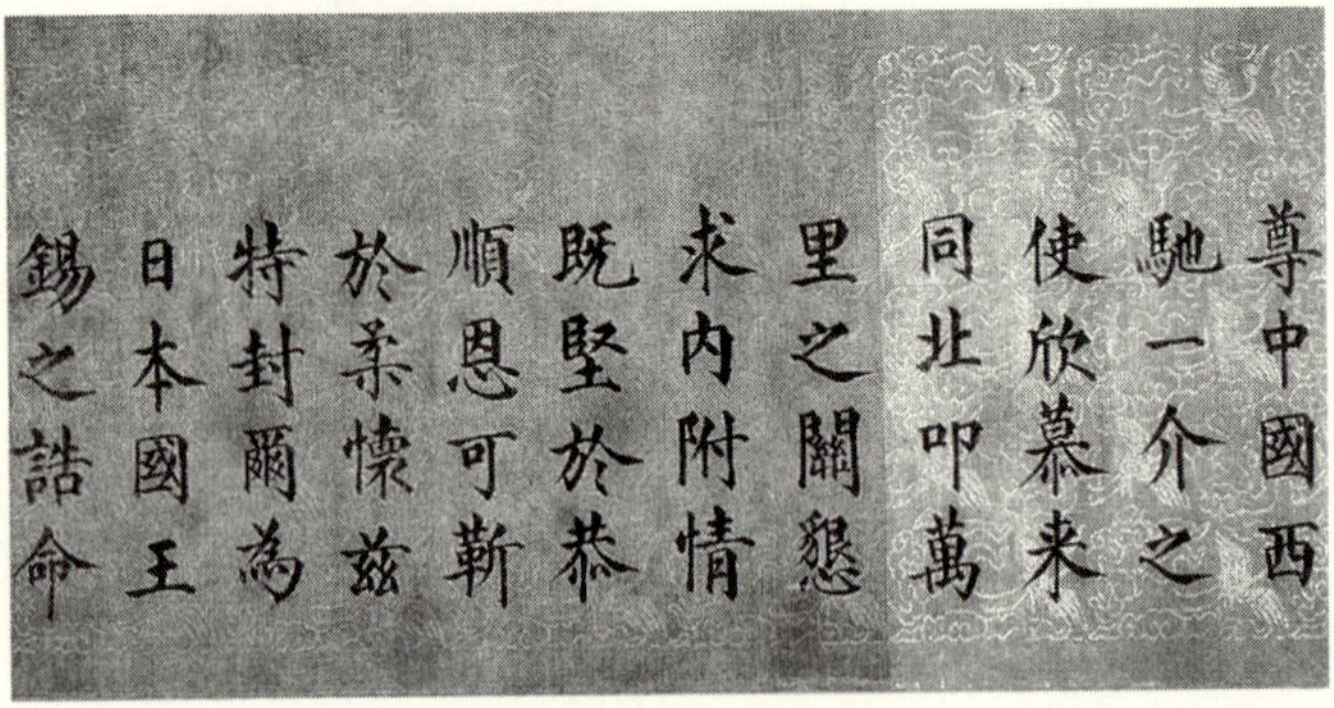
尊中國西
馳一介之
使欣慕来
同北叩萬
里之關懇
求内附情
既堅於恭
順恩可靳
於柔懷茲
特封爾為
日本國王
錫之誥命

図15　明皇帝から豊臣秀吉に授けられた誥勅（日本国王に封ずる部分、大阪歴史博物館所蔵、重要文化財）

を人質として送らなかったことを知るや、通信使との会見を許さずとした。朝鮮王子の人質は秀吉が和議七ヵ条の第五条に示したものであった。

一五九六年（文禄五）九月一日（朝鮮暦二日）、大坂城で秀吉は冊封正使楊方亨・副使沈惟敬から明《みん》皇帝の「茲《ここ》に特に爾《なんじ》を封じて日本国王と為《な》す」という誥勅《こうちょく》、「日本国王」の金印および冠服《かくぶく》を受けた。この様子につき、『武家事紀《ぶけじき》』は「群臣（諸大名）ことごとく参列して、堂上堂下に充満す。冊封使登城、楊方亨のつぎに沈惟敬が金印を捧げて立つ。しばらくして太閤《たいこう》殿下の黄幄《こうあく》開け、太閤出御《しゅつぎょ》」と記している。

ところがその翌日、事件が起きた。大坂城で秀吉が明冊封使を饗宴したその席上、沈惟敬らが秀吉に「日本軍が朝鮮から完全撤退しなければ、日本との通交はありえない」と、完全撤退を求めた。秀吉は「明は使節を送り、自分を冊封した。自分はしばらくこれを忍ぶものの、朝鮮は決して許さない。明使は明日帰国せよ。自分はふたたび兵馬《へいば》を調《ととの》え、朝鮮に攻め入るであろう」と激怒し、ここに和議は破綻したのである。

清正を売った行長

和議破綻のあと、加藤清正《かとうきよまさ》は領国の隈本《くまもと》に帰った。そして家臣らに石田三成《いしだみつなり》・小西行長《こにしゆきなが》の讒言《ざんげん》の次第、それを秀吉の前で申し開きしたことを伝え、朝鮮再渡海の準備を始めた。もっとも清正はそれ以前に朝鮮再渡海にそなえて、その用意をしていた。それは領内で穫《と》れる小麦をルソンに売却し、その代金で南蛮船がもたらす鉄炮弾に用いる鉛を購入したのである。その仕事にはルソン商人原田喜右衛門《はらだきえもん》と隈本町人猪右衛門《いえもん》があたった。そして清正は秀吉の朝鮮再派兵の陣立《じんだて》がふれられる以前の十一月初旬、七千の家臣団を率いて隈本を発ち、翌九七年（慶長二）一月四日、対馬《つしま》に投錨《とうびょう》した。

一方、才覚をめぐらし、秀吉を日本国王に冊封することによって事態の収拾をはかろうとした行長、彼はその努力が水泡《すいほう》に帰《き》したことにより、心中おだやかではなかった。秀吉の正式な出陣命令も待たずに渡海した清正への憎悪がいや増す。ここで行長は一策を講じた。

一五九七年（宣祖三十）一月十一日（日本暦十日）、行長は通事要時羅を慶尚道兵使金応《きんおう》瑞《ずい》のもとに遣わし、つぎのように伝えた。

和議の破綻は清正が戦いを主張したことによるものである。朝鮮に上陸する前に清正を討つのが良策である。今、清正は七千の兵を率いて対馬に待機し、近日中に朝鮮に渡るであろう。ここ数日、順風が続くので、渡海するのは簡単である。東風が高く吹けば、清正の船舶は巨済島《きょさいとう》に向かい、東風が正常に吹けば、機張《きちょう》あるいは西生浦《せいせいほ》のあたりに向かうであろう。朝鮮水軍に清正を海中で襲撃させることが肝要である。

金応瑞はこれを国王に報告し、国王は先の通信正使黄慎《こうしん》を朝鮮水軍統制使李舜臣《りしゅんしん》のもとに遣わし、清正を海上で討てとの作戦命令を伝えた。しかし、李舜臣は行長の情報には罠があるものとみなし、これに従わなかった。

はたせるかな、一月十四日、清正は軍船百三十余隻を率いて慶尚南道多大浦《ただいほ》に上陸し、西生浦に着陣したのである。もちろん、清正は行長の策略にまったく感づいていなかった。行長の情報は偽りでなかったのである。

一方、李舜臣は王命無視の罪で水軍統制使の地位を剝奪され、投獄された。しかし、こ

図16　多大浦客舎

れはまた別の話である。

朝鮮水軍をして清正を海上で襲撃させる策略、行長はこれに失敗しても、その執念を持ち続けていた。二月八日（日朝同暦）、行長と封貢和議を進めた沈惟敬は、ソウルで朝鮮国王の餞宴《せんえん》を受けたさい、行長と寺《てら》沢正成《さわまさなり》は善人であるが、清正は極悪人であり、必ずや朝鮮を侵攻するであろうと言い、行長とひそかに清正を陥れようとしていると告げている。

西生浦城の修築

西生浦に着陣した清正は城の修復にとりかかった。それは清正が伏見へ召喚されたさい、いったん破却したものであり、それを修復することは労力の際限なき負担であった。

その修復期間は第二次朝鮮侵略最初の戦いである巨済島の海戦があった七月まで、約半年である。

この城修復普請も突貫《とっかん》工事であり、艱苦《かんく》をきわめた。この労苦に堪えかねた兵卒の逃亡が始まる。

李舜臣の『乱中日記』によると「慶尚左兵使成允文配下の軍官が降倭二名を押送して来た。これは加藤清正に率いられた兵であるという」とある。

また、のちに述べる八月十七日の黄石山《こうせきさん》城の戦いのさい、朝鮮側に加わって清正軍と戦った「沙白鴟《さはくし》」という名の降倭《こうわ》がいた。彼は敗色を察知して黄石山城から遁走《とんそう》する金海府使白士霖を岩穴に隠し、その入り口を繁みで覆って、逃亡の手助けをしている。彼はこの年の三月、西生浦城修復工事の最中に朝鮮側に投降したのであった。

さらに『朝鮮王朝実録』によれば、

① 清正の部将五名が兵卒を率いて朝鮮側に投降し、これからさらに投降者が続出すると述べたこと、

② 投降者が増えれば、清正の勢力は自然に孤弱となるであろうこと、

③ 清正配下の兵卒は築城普請《ふしん》や戦闘に駆られ、その労苦に堪えかねたものは西生浦か

ら脱出しようとしていること、

④　清正の陣中から投降したものについて、朝鮮側は彼らを兵使の陣中に置いたり、あるいは朝鮮の各地へ分送したりしていること、

を述べている。

ここに際限なき築城普請、その普請のかたわら戦闘を続ける事態が兵卒の逃亡をもたらしたのである。『乱中日記』や『朝鮮王朝実録』に見える兵卒の逃亡は氷山の一角だったのである。このような難問題をかかえながら、清正は西生浦城の修復普請を急いだのである。

清正・松雲会談決裂

清正が西生浦城の修復にとりかかっている最中の三月十八日（日本暦十七日）、朝鮮義僧将松雲大師《しょううんだいし》惟政は四たび清正を尋ねて、朝鮮への侵攻をやめるよう諭そうとした。そこではつぎのような問答の応酬があった。

清正は言う。「六年前、沈惟敬と小西行長が秀吉に、『王子兄弟を放還すれば、朝鮮国王は渡海して帰服し、秀吉に一礼を述べる』と伝えた。それ故、秀吉は日本軍の進撃をおさえた。しかし、国王は渡海しなかった。今となっては手の打ちようがない。王子兄弟のうち一人が渡海して秀吉に謝礼することもなかった。これは忘恩であり、朝鮮国王の偽りで

はないか。明はこれを当然のこととしているのか。あるいは行長・惟敬のしわざなのか。秀吉はこのことの真相を聞こうとしている」。

これに惟政は反論する。「朝鮮と日本は交隣して信頼関係を保つこと二百年におよぶ。それにもかかわらず、日本は突然無名の兵を動かし、朝鮮の山河を踏みにじり、朝鮮の人民を虐殺し、朝鮮の宗社（宗廟社稷《そうびょうしゃしょく》の略。宗廟とは祖宗の廟。社稷の「社」は土地の神。「稷」は五穀の神。君主が居城を建てるとき、社稷の神を右に祭り、宗廟を左に祭り、君主を社稷の主とする。転じて国家の意）を廃墟とし、朝鮮王子を捕らえた。臣下の心情として、どうして宗社の安泰と王子の帰還を願わないものがいようか。朝鮮の君臣が恥を忘れて渡海し、秀吉に謝礼する理由はない」。

清正は言う。「朝鮮と日本の交隣二百年というが、そのようなことを日本は知らない。それは対馬との交隣であろう。もし日本と朝鮮が交隣を通じていれば、このような戦禍《せんか》に至ることはなかったのである」。

惟政は反論する。「去る宣祖二十三年（一五九〇、天正十八）、我が国の通信使黄允吉《こういんきつ》・金誠一らが日本に行き、秀吉に見《まみ》えて書を受けて来た。これは対馬の行為なのか。その時、秀吉がどのような対処をとったか、自分はよく知っている。どうして、清正、あなたはこのことを念頭におかず、罪を別人（対馬）になすりつけて、このような誤りに至るのか」。清正は言う。「もし朝鮮が日本と交隣通信していたとすれば、五年前（一五九〇、天正十八年）、秀吉が明を征服しようとした時、朝鮮を先駆として、朝鮮の路を借りようとしたが、朝鮮はこれを聞き入れず、われわれにたち向かった。これをどうして交隣通好と言えるのか」。

惟政は反論する。「朝鮮は義の邦《くに》である。君臣父子の序があり、大明に属する国である。君臣の義が定まり、誠心は大（大明のこと）に事《つか》えるという関係は、たとえ天地が覆墜しても不変である。どうして日本に組《くみ》して明を伐《う》ち、大逆無道の行いをすることがあろうか。これは臣が君に叛《そむ》き、子が父に叛くものである。天地の間に、どうしてこのような無道が通ることがあろうか」。

以上が清正と惟政の冒頭の問答である。その翌日、清正側は代理人を出して問答を重ねた。その代理人はおそらく清正の副将美濃部《みのべ》金大夫喜八郎《きんだゆうきはちろう》と思われる。そこでの問答はつぎのようであった。

喜八郎は言う。「対馬島の人間は朝鮮の米穀財物を貪り、日本の使者だと詐称していた。ところが日本はまだ統一されていなかったため、遠島の人間の詐謀については知るよしもなかった。しかし今は秀吉が日本全国を統一した。秀吉がもし対馬の人間の詐謀を知れば、秀吉は必ずこれを誅戮するであろう。惟敬と行長がこの対馬と謀議をはかるのは何事であるか」。

惟政は言う。「われわれはただ日本の関白を封じて王と為すを聞くのみである。その他のことは知らない」。

喜八郎は言う。「朝鮮国王は善も悪も、惟敬の意向に背くことは出来ないと聞いている。それは本当なのか」。

惟政は言う。「惟敬は明の将士であり、冊使の命を受け、日明両国の和議に当たるものである。和議の折衝については、奏上して決済することを必要とせず、臨機応変に進めるものとなっている」。

喜八郎は言う。「内藤如安《ないとうじょあん》と惟敬がともに和事を謀《はか》ったが、事が成就したとは聞いていない。これは本当なのか」。

惟政は言う。「あなたはどうして知らない訳があろうか。自分は詳しいことは知らぬが、明が秀吉を日本国王に封じて後、秀吉は正朔《せいさく》を奉らず、すこぶる不恭の状有ると聞く。明は清正を日本国王に封じ、紛争を息《と》めることを期待している」。

喜八郎はしばし黙然として語らず。間をおいて言う。「五年前の四月、朝鮮ソウルにおいて、惟敬と行長が和平を約束した時、王子兄弟を返還すれば、朝鮮国王は日本に渡って謝を致すと言った。このことについては、秀吉に奏上した。また、朝鮮八道を割譲し、日本に属すと言った。これもまた秀吉に奏上した。このため、日本軍はすべてソウルから南下し、慶尚道の海岸で待機し、王子を放還した。そして秀吉は五年前から去年八月に至るまで、兵を待機させたのである。ところが国王は渡海して謝を致さず、さらに朝鮮を日本に割地しなかった。また、王子兄弟のうち、一人も日本に送らないどころか、ただ卑職の臣を送って、これを謝礼にみせかけた。そのため秀吉は激怒し、通信使に会わなかったのである」。

惟政は言う。「五年前、日本の軍兵がソウルを出る時、王子を放還すれば、国王みずから渡海し謝礼するという説は誰の口から出たのか。朝鮮の地を割き日本に属すとの説は誰の口から出たのか。惟敬か行長か。日本が百人の王子を擒《とら》えて還さずとも、どうして国王が日本に渡海して謝を致す道理があろうか」。

喜八郎は言う。「朝鮮は清正に恩があるはずだ。ところが清正と和議を進めず、別人と和議をはかっている。これは朝鮮の誤りではないのか。明はこれを正しいとみなしているのか」。

惟政は言う。「別人と和議をはかるのは、朝鮮がその人に恩があってするのではない。そのことは明も当然であるという、ただ、惟敬が四年前に行長と約束したことは、朝鮮側の知るところではない」。

喜八郎は言う。「われわれの和議条件に従わねば、日本軍はふたたび渡海する。朝鮮を焼きつくし、焦土となることは、山が卵をつぶし、箒《ほうき》が塵をはらうようなものだ」。

惟政は言う。「兵家の勝敗は期し難いものである。滅亡の禍《わざわい》はどこにあるか分からない。日本軍が渡海したとしても、明の大兵と朝鮮の兵馬がどうして渡海する日本軍に劣ることがあろうか」。

喜八郎は言う。「秀吉の真の意向は、王子二人のうち、臨海君一人の渡海を望むだけである。秀吉に礼を述べれば天下太平となるのである。松雲大師は戻って、これを朝廷に告げ、国王に上達し、王子を渡海させるように計らえ」。

惟政は言う。「王子を日本に渡海させることは簡単である。しかし、義においては出来ることではない。王子一人の身が、日本へ渡海して秀吉に礼を述べるのは簡単なことであるが、宗社の立場から論ずれば、王子を君父の讎《しゅう》の家に送って礼を述べさせることは出来ない。朝鮮の王子は明皇帝の命令がなければ、皇帝に見えることが出来ない。ましてや、渡海して君父の讎の見えることなどありえない」。

清正側は朝鮮国王の忘恩、ことに朝鮮王子を人質として日本に送らないことを責め、秀吉提示の和議条件を力説し、それが満たされなければ、ふたたび兵禍となると迫ったのである。これに対し惟政は、朝鮮王子を人質として送ることは義において出来るものでなく、秀吉がふたたび派兵した場合、明・朝鮮の兵馬は日本軍に劣るものでなく、勝敗の行方は天のみぞ知ると反論した。ここに清正と惟政の最後の会談は決裂した。

惟政はこの会談のあらましを国王に報告し、「王子人質の要請は忍ぶべからざるものであり、義により進戦を決すべきである」と述べている。

朝鮮再派兵と清正の戦い

全羅道を標的とした陣立

一五九七年（慶長《けいちょう》二）二月二十一日、豊臣秀吉《とよとみひでよし》は朝鮮再派兵の陣立を定めた。その要点はつぎのような内容であった。

① 加藤清正《かとうきよまさ》・小西行長《こにしゆきなが》それぞれの率いる兵力を先鋒《せんぽう》として、二日交替で先手をつとめ、非番は二番手とすること、

② 清正・行長の先鋒に続くものとして、三番手に黒田長政《くろだながまさ》・毛利吉成《もうりよしなり》らの兵力、四番手に鍋島直茂《なべしまなおしげ》・勝茂《かつしげ》父子の兵力、五番手に島津義弘《しまづよしひろ》の兵力、六番手に長宗我部元親《ちょうそかべもとちか》・藤堂高虎《とうどうたかとら》らの兵力、七番手に蜂須賀家政《はちすかいえまさ》・生駒一正《いこまかずまさ》・脇坂安治《わきさかやすはる》らの兵力、八番手に毛利秀元《もうりひでもと》・宇喜多秀家《うきたひでいえ》らの兵力を配置すること、

③　釜山浦《ふざんぽ》城に小早川秀秋《こばやかわひであき》を配置して、太田一吉《おおたかずよし》を釜山浦城の目付《めつけ》とし、安骨浦《あんこつほ》城に立花宗茂《たちばなむねしげ》、加徳《かとく》城に高橋直次《たかはしなおつぐ》・筑紫広門《つくしひろかど》、竹島《ちくとう》城に小早川秀包《こばやかわひでかね》、西生浦《せいせいほ》城に浅野幸長《あさのよしなが》をそれぞれ配置すること、

④　先手の軍目付として配置する毛利重政《もうりしげまさ》・竹中隆重《たけなかたかしげ》・垣見一直《かきみかずなお》・毛利高政《もうりたかまさ》・早川長政《はやかわながまさ》・熊谷直盛《くまがやなおもり》ら秀吉の馬廻《うままわ》り衆は、戦功のあるもの、法度《はっと》に背くものをありのまま報告すること、

⑤　全羅道《ぜんらどう》を当面の攻略目標とし、ついで忠清道《ちゅうせいどう》などを攻めること、

などであった。

これまで述べてきたように、日明《にちみん》和議折衝が始まった一五九三年（文禄《ぶんろく》二・宣祖《せんそ》二十六）の半ばより、秀吉は慶尚道《けいしょうどう》南岸に番城《ばんじろ》を築かせていた。そして一五九五年（文禄四・宣祖二十八）半ば、明冊封使《さくほうし》渡海の条件として、番城のいくつかは破却したものの、秀吉はそれを修築して改めて拠点とし、朝鮮の穀倉《こくそう》地帯である全羅道を抑えることを指示したのである。これは秀吉の和議条件第四条にある朝鮮南四道の割譲《かつじょう》を実力で強行しようとするものであった。

巨済島漆川梁の海戦

第二次朝鮮侵略の戦いは一五九七年（宣祖三十）七月十四〜十六日（日朝同暦）、巨済《きょさい》島漆川梁《しっせんりょう》の海戦から始まった。この時、朝鮮水軍統制使は元均《げんきん》であった。

この巨済島漆川梁の海戦には前哨戦《ぜんしょうせん》があった。和議の破綻により、朝鮮側は再侵する日本軍を海上で撃退することを最善策とした。このため、釜山の西に位置する安骨浦と加徳島一帯に拠点を構えている日本軍の撃滅が必要であった。都体察使《とたいさつし》（体察使は有事のさい、諸将監督の権限を掌握する臨時職。都体察使その全体を統制する。これには議政府の高官があたる）李元翼《りげんよく》は都元帥《とげんすい》権慄《ごんりつ》と協議し、六月十日を期して、安骨浦・加徳島の日本軍を攻撃せよとの指令を出した。十九日、元均は安骨浦と加徳島で海戦したが、平山浦万戸金軸《きんじく》と宝城郡守安弘国が銃撃を受け、弘国は戦死し、朝鮮水軍の作戦は失敗に帰した（安骨浦・加徳島の海戦）。

このあと、七月八日、藤堂高虎・加藤嘉明《かとうよしあき》・脇坂安治らの日本水軍六百余艘が釜山沖に集結し、熊川から巨済島に迫ってきた。慶尚右水使《うすいし》裴楔《はいせつ》は兵船を率いて熊浦で接戦したが敗北した（鎮海湾海戦）。この海戦に元均は日本水軍を恐れて出陣しなかった。このため都元帥権慄は元均に杖罰《じょうばつ》を加えた。

権慄の叱責をうけた元均は、憤懣《ふんまん》やる方なく、十四日早朝、全水軍を率いて閑山島《かんざんとう》から釜山浦に船を進めた。しかし、戦法の不徹底により朝鮮の兵船は四散してしまった。閑山島から船を漕ぎ続けた水夫は疲れと空腹と渇きに悩まされ、その士気は低下した。やむなく元均はまわりの船をまとめ、加徳島にたどり着いた。これを日本軍の兵船が襲撃した。このため元均は巨済島北方の永登浦《えいとうほ》に退いたが、ここにも朝鮮水軍の給水を予測して、日本軍が伏兵《ふくへい》を置いていた。襲撃を受けた朝鮮水軍は、温羅《おんら》島（七川島ともいう。現、慶尚南道巨済市河清面七川島。巨済島の西北、長木面と漆川梁をはさんだ対岸）に退却した。十五日の夜半、日本軍は列泊する元均の兵船の間に偵察を忍ばせ、様子を探った。そして、翌十六日の早朝、就寝していた朝鮮水軍を奇襲した。ここで全羅右水使李億祺《りおくき》・忠清水使崔湖《さいこ》らは戦死した。元均は陸地に逃れたものの、島津勢の襲撃を受けて敗死した。この結果、朝鮮水軍の根拠地閑山島も日本軍の手に陥ちることとなった。この海戦に勝利した日本軍の主力は固城《こじよう》半島から全羅北道の南原《なんげん》に進撃する。

南原の戦い

巨済島漆川梁海戦のあと、小早川秀秋が日本軍の総大将として釜山浦に着陣した。秀秋は釜山浦に在陣し、日本軍全体は左軍と右軍に分かれ、慶尚・全羅・忠清三道へ進撃することとなった。左軍の大将は宇喜多秀家、その配下の部将は小西行長・島津義弘・加藤嘉明・蜂須賀家政・生駒一正・長宗我部元親らであり、慶尚右道から全羅道の雲峰《うんぽう》（南原の東）をへて南原に迫った。また右軍の大将は毛利秀元、その配下の部将は加藤清正・浅野幸長・黒田長政らであり、この軍は慶尚道から全羅道を経て忠清道へ兵を進めることとなった。

左軍が攻略目標とした全羅北道南原は全羅道から慶尚道へ通じる軍事・交通の要衝である。それだけに、明・朝鮮側も南原の防備を固めていた。一五九七年（宣祖三十）五月、兵馬を率いて南原に着陣した明将楊元《ようげん》は南原城の塀を高くし、濠《ほり》を深くして守りを固め、明兵を南原の城壁の上と土垣の中に配置し、さらに遊軍を置き、朝鮮軍はその防備に従うことを指示した。これに対し朝鮮側は南原の北方にある蛟龍山城を拠点にして防備にあたることを進言したが、楊元は聞き入れなかった。

八月十三日（日本暦十二日）、日本軍は南原城の東西南三面を包囲し、飛雲長梯を造って登城の道具とし、壕に草と土石を埋めて城壁に迫る路を造った。これを見た楊元は日本軍に会談の申し入れたが、行長は楊元に南原城の即時明け渡しを要求した。これを楊元は拒否し、会談は物別れとなった。

八月十六日（日本暦十五日）、南原城の四面を取り囲んだ日本軍はいっせいに城内に突入した。激戦の末、敗色濃厚とみた楊元はまっさきに南原城から逃走した。とり残された朝鮮軍は全滅し、南原城はここに陥落した。

組織化された鼻切り

この南原の戦いのころから、日本軍による朝鮮人の鼻切りが組織的に行われるようになった。この指令は秀吉から出ていた。

豊後《ぶんご》臼杵《うすき》の城主で秀吉から軍目付に任命された太田一吉の家臣大河内秀元《おおこうちひでもと》の日記によれば、「明・朝鮮兵の首塚を日本に築くのは日本・中国における後世の記録とするためである。戦場で相手の首をとるだけでなく、老若男女僧俗に限らず、下賤なものや木樵《きこり》に至るまで、すべて撫切りにしてその首級を日本へ送れ」との指示が出された。

しかし、実態は首でなく鼻であった。清正家臣加藤清兵衛の覚書によれば、「男女赤子までも残らず撫切りし、鼻をそぎ、その日その日に塩にまぶす」とある。また吉川広家関係の記録によれば、「抵抗するものは男女を限らずことごとく切捨てるか、鼻だけ切りとって命だけは助けるようにとの太閤《たいこう》の御朱印《ごしゅいん》が出されたので、男女を問わず、すべて鼻を切った」のである。首のかわりに鼻をとる風習は日本の戦国時代にもあったが、これが非戦闘員にまで及んだのである。

この鼻は秀吉のもとに送られ、秀吉は京都の方広寺《ほうこうじ》大仏殿の前に鼻塚を築き、五山高僧の西笑承兌《せいしょうじょうたい》に命じて「大明・朝鮮闘死の衆、慈悲のため」と称して供養をした。それだけに鼻切りは戦功とみなされ、諸大名は家臣に鼻切りを強制したのである。清正の場合、「家臣一人に朝鮮人の鼻三つ当てられ、その鼻を軍目付が点検し、大樽に塩を入れて日本へ送り、大仏の前に塚を築き置かれた」とあるように、家臣一人に鼻切り三つを割り当てたのである。

黄石山城の戦い

巨済島漆川梁の海戦に先だつ一五九七年（宣祖三十）六月半ば、西生浦の加藤清正のもとに豊臣秀吉より使者が到来し、先の陣立に従って朝鮮奥地へ進撃するよう指示が伝えられた。これにより七月半ば清正は約八千の兵力を率いて西生浦から出陣し、毛利秀元を大将とする右軍に合流することとなる。八月三日（日本暦二日）、清正は慶尚南道密陽《けいしょうなんどうみつよう》から昌寧《しょうねい》・草渓《そうけい》・陜川《きょうせん》・三嘉《さんか》を過ぎ、八月十五日（日本暦十四日）、慶尚南道咸陽《かんよう》に着陣し、その先鋒《せんぽう》は咸陽の北、居昌《きょしょう》の西に位置する黄石山《こうせきざん》城に迫った。黄石山城は慶尚南道居昌から全羅北道全州へ通じる軍事・交通の要衝である。体察使《たいさつし》を兼務していた右議政（左議政とならんで議政府〈現在の日本の場合でいえば内閣〉の首職領議政に次ぐ要職）李元翼《りげんよく》は、日本軍は必ずこの地点を狙うものとみて、安陰県監郭俊《あんいんけんかんかくしゅんしゅん》趍を黄石山周辺三邑の守将とし、金海府使白士霖《きんかいふはくしりん》を別将とした。さ

図17　第二次朝鮮侵略における加藤清正の進路図

らに前咸陽郡守趙宗道《ちょうそうどう》もこの戦闘態勢にはせ参じた。城中には黄石山周辺の民衆も集まった。白士霖はこれら民衆に黄石山城を死守すると、その決意のほどを示した。民衆はこの言を金石《きんせき》のごとく頼りとした。

八月十六日（日本暦十五日）、黄石山城の麓に迫った清正の兵は黄石城内にいる介山《かいざん》なる人物を呼び、「お前の父はここに居る。開門し会ってみよ」と言った。その介山の父は金海の人であり、第一次朝鮮侵略の当初から日本軍の手先となり、陥城の作戦に手を貸していたものであった。別将白士霖は介山を斬って城外に投げ捨てた。清正の兵は「百の介山を殺しても、われわれはこれを惜しむものではない」と言いかえした。この介山もその父とともに日本軍の手先となって、黄石山城内から内応《ないおう》していたのである。先にも述べたように、この日は南原が陥落している。

翌十七日、清正の兵は黄石山城の南門から城内に突入した。この戦いには黒田長政・鍋島直茂らの軍も参戦した。郭俊越は督戦につとめたものの、敗色濃厚となるや、黄石山城を死守すると豪語した白士霖は妻子を連れて遁走した。郭俊越と趙宗道らは戦死し、多くの人が虐殺され、あるいは鼻を削《そ》がれた。熊谷直盛ら軍目付が長政に送った「鼻請取状」によれば、黒田勢は、金海の朝鮮官人を含む首十三、鼻二十五を取り、二人を生け捕っている。

全州の軍議

南原城陥落と黄石山城陥落、この後の日本軍全体の動きを見ると、南原を陥した左軍は、十七日、小西行長勢を先鋒として全羅北道任実に侵入し、さらに全州に進撃した。これを知った全州の守将明遊撃陳愚衷《ちんぐちゅう》は城を棄てて逃亡した。これにより、左軍は二十日、戦わずして全州を占領した。

一方、清正らは黄石山城の戦いのあと、全羅北道雲峯から南原に向かい、そこから兵を北に進め、長水・鎮安を過ぎ、二十五日、全州に着陣した。

この全州において、左軍の大将宇喜多秀家・右軍の大将毛利秀元をはじめとする日本軍の諸将が軍議をもった。その結果、第一次侵攻のさい、朝鮮の主要地域が陥ちたにもかかわらず、朝鮮側が抵抗を続けることができたのは、全羅・忠清両道から朝鮮側への兵糧などの補給によるものであり、その轍《てつ》を踏まぬためにも、全羅・忠清両道から朝鮮側への援路を防ぐことが肝要であるとされた。これにより、水陸に兵を分け、毛利秀元・加藤清正・黒田長政らの右軍は忠清道へ北進し、左軍の宇喜多秀家・小西行長らは軍を回し、島津義弘らは全羅右道に進んで列邑に分屯をはかり、藤堂高虎らの水軍は全羅道南岸から忠清道の西岸へ進むこととなった（全州の軍議）。

右軍の忠清道侵入

九月一日（日本暦八月二十九日）、全州の軍議にもとづき、清正は軍目付太田一吉の軍と合勢して全州を発ち、翌二日（日本暦九月一日）、全羅北道錦山《きんざん》（現在は忠清南道に属する）に至った。そして三日、清正と一吉は錦山から忠清北道文義《ぶんぎ》（現、忠清北道清原郡文義面）めざして兵を進めた。そして四日、錦山の北方の山中で朝鮮側の伏兵に遭遇した。合戦の末、清正勢は朝鮮兵の首五十一を討ち取り、一吉勢は首十八を討ち取ったものの、清正の足軽《あしがる》大将山内治衛尉《やまのうちじへいのじょう》・伊地智次郎兵衛尉《いじちじろべえのじょう》ら二十八騎は討死した（日本暦六日）（錦山付近の戦闘）。このあと、負傷者を看病し、一行は六日に文義に至り、七日（日本暦六日）、忠清北道清州に着陣した。

清正が清州に着陣した九月七日（日本暦六日）、秀元と長政らは忠清南道天安に至り、さらに黒田勢の先鋒は忠清南道稷山《しょくさん》に侵入し、ソウルをめざす気配をみせた。ここで黒田勢は明副総兵解生《かいせい》の反撃に遭い苦戦した。秀元と長政の援軍も稷山に駆けつけ、ここで激戦となった。勝敗の決着はつかず、日暮れに至り双方とも引き揚げた。この戦闘で長政勢は明兵八十五人を鼻切りし、それを軍目付に納めている。しかし、この戦いは結果的に日本軍のソウル侵入を阻止することとなった。このころ、巨済島漆川梁の海戦・南原の戦い・黄石山の戦いの敗北、全州の陥落など事態の急迫を知った明経理楊鎬《ようこう》がすでにソウルに着陣し、日本軍撃退の態勢を立て直していたのであり、稷山の戦いも楊鎬の指令によるものであった（稷山の戦い）。

ソウルに迫る右軍

稷山の戦いで、明軍が黒田長政の日本軍の北上を阻止したとはいえ、朝鮮側は事態を深刻に受けとめていた。稷山の戦いにより、日本軍はただちに進撃しないものの、安城《あんじょう》（現、京畿道《けいきどう》安城郡安城邑）から陽智《ようち》（現、京畿道龍《りゅう》仁《じん》郡内四面）・竹山《ちくさん》（現、京畿道安城郡竹山面）など無人の境に出没し、龍仁（現、京畿道龍仁郡龍仁邑）あるいは利川《りせん》（現、京畿道利川郡利川邑）からソウルに向かうことが予想された。

一方、九月九日（日本暦八日）、清正は軍目付太田一吉とともに、忠清北道鎮川《ちんせん》に着陣し、ソウルへ押寄せる気配をみせた。そこへ後続の諸将も到着し、軍評定《ひょうじょう》がもたれた。この評定で軍目付太田一吉はつぎの提案をした。

①　ソウルの廻りを流れる漢江《かんこう》は凍っているとはいえ、氷は未だ厚くなく、氷の上を渡河することはできないこと、

②　強行に河の中を渡れば、人馬は凍りつき、ソウルに待ちうけている明の大軍と戦うことができなくなること、

③　したがって長陣苦労の人馬を休め、来春、ソウルに押入る態勢を固めるべきこと、であった。

これにより、右軍の諸勢は慶尚道南岸のそれぞれの城に引き揚げることとなった。しかし、翌十日（日本暦九日）、右軍の一隊は安城から竹山一帯を掠奪した（安城・竹山への侵入）。これに清正が加わったかどうか、それは定かでない。これにより、ソウルの軍民は恐怖におののいた。

報恩赤岩の戦い

一五九七年（宣祖三十）九月十五日（日本暦十四日）、清正ら右軍の諸勢は鎮川を引き払い南下することとなった。清正と行動をともにした軍目付太田一吉の従軍医僧慶念《きようねん》（豊後臼杵安養寺《あんようじ》の住職）は「この陣よりは船本（着船場、ここでは慶尚南道の番城）へ引陣と聞けば、諸人の喜びは云うに及ばず、牛馬に至るまでも勇むと也」とその日記に記している。

この日、清正は清州《せいしゆう》に至り、配下の兵に道を分けて下るよう指示した。一隊は忠清北道の青山《せいざん》（現、忠清北道沃川《よくせん》郡清山面）・黄澗《おうかん》（現、忠清北道沃川郡黄澗面）より星州《せいしゆう》（現、慶尚北道星州郡星州邑）に下り、一隊は慶尚北道の咸昌《かんしよう》（現、慶尚北道尚州郡咸昌面）・尚州《しよう しゆう》（現、慶尚北道尚州市）より仁同《じんどう》（現、慶尚北道亀尾市仁同洞）・大邱《たいきゆう》（現、慶尚北道大邱市）を経て下り、一隊は慶尚北道の聞慶《ぶんけい》（現、慶尚北道聞慶郡聞慶邑）・軍威《ぐんい》（慶尚北道軍威郡軍威邑）・比安《ひあん》（現、慶尚北道義城郡比安面）より下って西生浦をめざすこととした。

九月二十日（日本暦十九日）、清正と一吉の日本軍が清州から下って忠清北道の報恩赤岩《ほうおんせきがん》（現、忠清北道報恩郡馬老面）に至った時、霧の中で朝鮮軍と遭遇した。それは金応瑞と交替して慶尚右兵使となった鄭起龍《ていきりゅう》の率いる四百名ほどの遊撃軍であった。起龍の軍が日本兵数十人を射倒した。清正の先手加藤与左衛門尉《かとうよざえもんのじょう》らがこれに応戦したものの、清正は霧の中に伏兵のあるものと疑い、しばらく兵を動かさなかった。この時、加藤与左衛門尉は乗り放していた馬三十匹を朝鮮軍に盗まれてしまった。一方、起龍も霧の中で対峙していたが、やがて清正らの日本軍は、一隊は青山から黄澗方面へ、一隊は慶尚北道尚州へと南下した。報恩赤岩の戦いは小競《こぜ》り合いであって、避難していた忠清道の民は被害を免れた（報恩赤岩の戦い）。

このあと十月八日（日本暦七日）、清正は慶尚北道の永川・慶州より西生浦・蔚山《うるさん》へ、毛利秀元は慶尚南道の密陽を経て梁山へ、黒田長政は慶尚南道の東莱へ着陣し、長期駐屯《ちゆうとん》の構えをとる。

捕虜福田勘介の供述

報恩赤岩の戦いさい、清正の家臣福田勘介《ふくだかんすけ》が朝鮮側の捕虜となった。勘介は忠清兵使李時言《りじげん》の尋問を受けることとなったが、そこで注目すべきことを供述している。その供述内容のあらましはつぎのようなことであった。

①　勘介の父は織田信長《おだのぶなが》の部将であったが、秀吉が信長の後継者となったさいに殺され、自分は追放の身となったこと、

②　その後、清正の配下となり、兵卒百余名を率い、西生浦から全羅道へ向かった。当初、日本軍はともに南原を攻撃する約束をして、水陸ともに進撃したが、小西行長・宇喜多秀家・島津義弘は中路から先に南原に到着し、清正と黒田長政が着く前に、彼らのみで南原を攻め陥した。この闘いには、秀吉の軍目付太田一吉らが水路から南原に到着したこと、

③　日本軍の勢力は、水軍の場合、加藤嘉明・藤堂高虎はそれぞれ兵一万であること。陸軍の左軍の場合、大将宇喜多秀家は兵二万、鍋島直茂・勝茂は兵一万、小西行長は兵一万、島津義弘は兵五千であり、右軍の場合、大将毛利秀元は兵三万、加藤清正は兵八千、黒田長政は兵五千、長宗我部元親は兵三千であること。釜山に留まる総大将小早川秀秋は兵一万四～五千であること。西生浦に留まる浅野幸長は兵五千であるこ

と、

④ 南原陥落のあと、全州の守備軍は城を棄てて遁走《とんそう》した。そのあと、行長と清正はただちにソウルを衝《つ》こうとしたが、秀吉は清正らに、ソウルへ侵入せず、九月中に各自の侵攻した地域の朝鮮人を皆殺しにし、十月中に西生浦・釜山などの地域に戻れとの指令を出した。このため、清正らはソウルへ三日路の地点まで達したが、兵を回したこと、

⑤ 日本軍は朝鮮人の老若男女をとわず、歩行できるものは捕虜として連行し、歩くことができないものはすべて殺したこと、

⑥ 捕虜にした朝鮮人は日本に送り、日本で農耕を強制し、日本の農民を兵として朝鮮に送ったこと、

⑦ 清正は蔚山にあらたに築城計画を立て、当分そこから動かないようである。しかし、秀吉はこのままでは城の確保は難しいと考え、その地域の朝鮮農民を支配して年貢を取れと指示したこと、

⑧ 清正と行長は不仲であり、清正は平壌《へいじょう》の戦いで敗北した行長のことを常にあげつらう。行長は講和を進めようとしたが、清正はこれに反対したこと、

⑨　稷山の戦で黒田長政軍に多くの戦死者が出たが、長政は恥じてそれを隠していること、

⑩　勘介自身、自分の特技は鉄砲放ちであり、降倭《こうわ》将のように決死の覚悟で朝鮮のために働きたいと述べたこと、

である。

この供述の前半部分は日本軍の現状について述べたものであるが、後半の部分、とりわけ⑥の供述は注目に値する。すなわち、朝鮮に在陣する諸大名はその領国の農民を陣夫役《じんぷやく》などの雑用のため、朝鮮に動員した。これにより、領国内の農業労働力が払底した。その穴埋めとして連行した朝鮮農民に農耕を強制したのである。それでは大名領国から陣夫役として朝鮮に動員された日本の農民はどのように使役されたのか。それをこれから始まる蔚山の籠城《ろうじょう》の事例を通じて見てみよう。

突貫工事の蔚山築城

蔚山《うるさん》は釜山から慶州へ向かうルートに位置する。現在、この蔚山は韓国第一の工業都市である。蔚山の市街地の中央を西から東に流れて海にそそぐ太和江《たいわこう》が流れている。その北岸に小高い丘がある。ここがかつての蔚山島山であり、加藤清正が築いた蔚山城跡である。現在は鶴城《かくじょう》公園となっており、四百年ほ

ど前に地獄変さながらの籠城戦のあったことなど、想像だにつかない。石垣がわずかに残っている程度で、それはのんびりした公園である。

一五九七年（慶長二）十月、豊臣秀吉はこの蔚山島山にあらたに築城することを命令した。それはこれまで清正が在陣していた西生浦城に黒田長政を配置し、浅野幸長と毛利家部将の宍戸元続《ししどもとつぐ》らと協同で蔚山島山に新城を築けというものであった。これまで慶尚道南岸の最東端の番城は西生浦であったが、その東にさらに番城を増やそうとするものであった。

一方、慶尚道南岸西側の番城は、朝鮮半島内陸の場合、小西行長の拠点となっていた熊川《ゆうせん》城、それに巨済島の北端にある永登浦《えいとうほ》・松真浦《しょうしんほ》・長門浦《ちょうもんほ》の番城などが最西端に位置していた。しかし、同年十月には、島津氏が晋州《しんしゅう》の南にあたる泗川《しせん》で築城普請を始め、十二月には普請を完了している。また、同じく十二月、小西行長は慶尚南道との境を越えた全羅南道順天《じゅんてん》に番城を築き、ここに在陣するようになった。

このように見る時、蔚山・泗川・順天の新城普請は、明・朝鮮軍の反撃に備え、朝鮮半島南岸に長期駐屯をめざす日本軍の戦線拡張なのである。それは朝鮮南部をあくまで実力で獲得しようとする秀吉の方針に即したものであった。

蔚山の築城普請は一五九七年（宣祖三十）十一月十日（日朝同暦）から始まった。その構想計画は「浅野幸長高麗陣雑事覚書」に、

合石垣　　七百六拾六間弐尺　本丸・二三ノ丸
合居矢蔵　大小拾弐　　但、門矢蔵共ニ
合塀　　　参百五拾壱間弐尺　本丸・二三ノ丸
合惣構堀　千四百参拾間　　同間ニ土手有
合柵　　　千八百六拾四間半　本丸・惣構共ニ
合冠木門　四ツ　　　　　　二三ノ丸
合惣構木戸　七ツ
合仮小屋　大小四ツ　城中に有

とあるように、それは城郭《じょうかく》全体の惣構《そうかまえ》に千四百三十間（約二・七キロ）の壕《ほり》と土手をめぐらし、惣構の中に七百六十六間二尺（約一四五五メートル）の石垣を構築し、石垣の南側に本丸、西北の位置に三ノ丸、東北の位置に二ノ丸を擁し、四ヵ所に冠木《かぶき》門を、そして大小十二の櫓を配置した大規模なものであった。この工事を浅野幸長・宍戸元続、そして清正家臣からは加藤清兵衛が分担した。

この城普請《ふしん》に日本から動員された鍛冶《かじ》・番匠《ばんじょう》が突貫《とっかん》工事にあたる。この時、軍目付太田一吉の従軍医僧として現場にいた慶念《きょうねん》は、その日記に、金槌《かなづち》や手斧《ちょうな》をたたく音で夜も寝られぬと記している。また、職人の仕事を急がせるため、杖を持った獄卒のような監督者のいることも記している。

ところが、これら職人の仕事には材木・石材などの資材が必要となる。この資材探しに職人以外のものが動員された。鉄炮《てっぽう》衆・幟《のぼり》衆・徒《かち》衆・母衣《ほろ》衆・船子《ふなこ》、そして日本から陣《じん》夫役《ぶやく》として徴発《ちょうはつ》された農民らが人足《にんそく》として駆り立てられる。朝霧を払って山に登り、星が出たころに資材を抱えて帰るのである。しかし、この仕事は朝鮮側に見つかれば殺されるという恐怖と背中合わせであった。そのため、戦う術《すべ》もない日本の農民が手ぶらで帰ってきた場合、監督者から打擲《ちょうちゃく》を加えられ、場合によっては、首を切って辻に立てられ、見せしめとされた。また、仕事に手落ちがあれば、牢に入れ、首枷で縛り、焼き鏝《ごて》を額にあて、これも見せしめとされた。この様子を慶念は三悪（地獄・餓鬼・畜生の三悪道）は目の前にあると述べている

地獄の鬼、人買い商人

このように職人や雑役夫《ざつえきふ》が酷使されている現場に人買い商人が現れた。どの戦争でも同様であるが、戦争景気によってひと儲けをめざす商人の暗躍《あんやく》はつきものである。この朝鮮侵略の場合では、島津家の御用商人である堺の伊丹屋《いたみ》の事例がよく知られている。伊丹屋は釜山に拠点を置き、島津氏が巨済島の永登浦、加徳島、泗川と移動するにつれ、そこに出店を構え、軍需物資などの商いを行っている。

清正や浅野幸長・宍戸元続らにも、当然このような商人がつきまとったものと考えられる。これらの商人の中に人買い商人がいたのであり、清正らの進撃のあとにつき歩き、戦禍に遭《あ》った朝鮮人を買い取ったのである。買われた人たちは、名護屋《なごや》・長崎などでポルトガルの人買い商人に転売されたり、西日本各地に奴隷《どれい》として売られた。人買い商人はこれら朝鮮人の首に縄をかけ、杖で追い立てていた。この様子をみた慶念は、まるで阿防羅刹《あぼうらせつ》（地獄の鬼）が罪人を責めるようだと記している。

明・朝鮮軍の蔚山進撃

このように蔚山の築城普請が進められていたころ、明・朝鮮軍は反撃態勢を整えていた。同年十一月二十九日（日朝同暦）、あらたに明軍の経略に就任した邢玠《けいかい》が大同《だいどう》・延綏《えんねい》・浙江《せっこう》の明軍兵馬約四万を率いてソウルに着陣

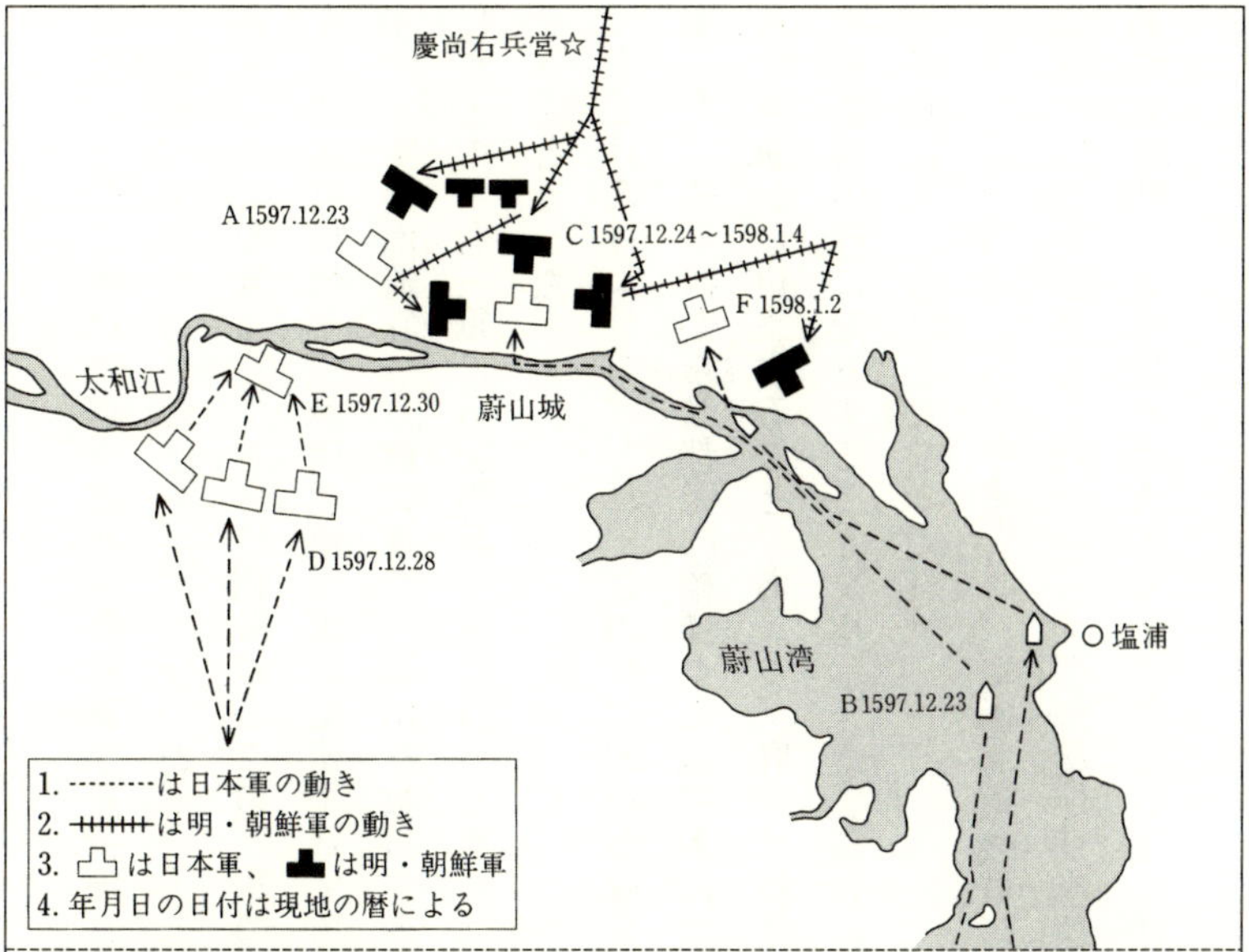

〔蔚山城籠城戦の経過〕

A　1597.12.23……早朝、明遊撃将擺賽を先鋒とした明・朝鮮連合軍、宍戸元続ら中国衆の先手陣を焼き払う。浅野幸長・太田一吉・清正家臣加藤清兵衛ら、中国衆の応援に駆けつける。午前、蔚山城の惣構の中へ退却。

B　1597.12.23……夜半、蔚山の急変を聞いた清正、小姓衆のみを率い、西生浦より蔚山に入る。

C　1597.12.24～1598.1.4

12.24……明の左右中三軍、蔚山城の本丸・二ノ丸・三ノ丸を包囲。この日、西生浦の清正家臣、蔚山に入る。

12.25……日本兵の中から明軍に投降者出る。明軍、城中の兵糧・水不足を知る。

12.26……明経理楊鎬、降倭と朝鮮軍に石垣崩しと火攻めを命ずるも、日本軍の銃撃により成功せず。日本軍からの投降者続出。

12.27……明軍、旧清正家臣降倭岡本越後守らを清正のもとへ遣わし、降伏を勧告させる。朝鮮軍の別将金応瑞、配下の兵と降倭を蔚山城外の井戸の傍らに待伏せし、水汲みに来る日本兵を捕らえさせる。

12.28……終日氷雨。明・朝鮮軍兵、飢えと寒さで戦闘心失う。

12.29……明軍、火攻めを強行するも、雨激しく失敗。日本軍の銃撃も雨により不発多し。

12.30……城中の兵糧・水・玉薬不足により、清正、明側との和談に応じようとするも、浅野幸長ら、これを阻止。籠城の日本軍、明・朝鮮陣へ夜討ちをかける。

1.1……籠城の日本軍、後巻の救援軍との連絡通ず。

1.3……救援隊と連絡のとれた清正、明側との会談を反古にする。その夜、明・朝鮮軍を後巻の救援軍、明・朝鮮軍を襲撃。

1.4……明・朝鮮軍、蔚山城を総攻撃するも成功せず。その夜、慶州へ向けて退却。

D　1597.12.28……毛利吉成・山口宗永らの救援軍、蔚山を包囲する明・朝鮮軍の背後に迫る。

E　1597.12.30……毛利秀元・黒田長政ら、蔚山を後巻。

F　1598.1.2……長宗我部元親ら、水軍を率いて塩浦より蔚山に迫る。明将擺賽ら、それを阻止するも成功せず。

図18　蔚山城籠城戦要図

した。そして軍務経理楊鎬と提督麻貴《まき》を総指揮官とし、その下に、左軍の司令官に副総兵李如梅《りじょばい》、中軍の司令官に副総兵高策《こうさく》、右軍の司令官に副総兵李芳春《りほうしゅん》と解生《かいせい》を任命し、兵馬を分けて配置した。さらに朝鮮軍もこの三軍のもとに編成した。作戦としては、左右軍を忠清北道忠州から慶尚北道安東・慶州を経て蔚山に向けることとし、中軍を忠清南道天安から慶尚南道宜寧方面に進め、蔚山を救援するであろう日本軍の牽制《けんせい》にあたらせ、さらに左・中・右三軍から騎馬兵千五百ほどをえらんで、全羅南道順天の行長の牽制にあたらせることとした。

十二月八日（日本暦七日）、この日、明提督麻貴は慶尚北道聞慶に到着し、ここで軍議を開いた。朝鮮側からは都元帥権慄がこの軍議に加わった。軍議の問題点は蔚山の日本軍を水陸両面から挟撃することであった。麻貴は権慄に明兵が蔚山に至ったとき、朝鮮水軍の戦船を蔚山沖に配置することを指示した。これにより、慶尚左水使李雲龍配下の戦船がこの任務にあたることとなった。

十二月十八日（日本暦十七日）、慶尚北道義城に到着した明経理楊鎬は、蔚山島山の日本陣営の偵察を必要とした。そして朝鮮接伴使李徳馨《りとくけい》に、明軍は探哨にすぐれているが、この場合は朝鮮人を使った方がよいとして、明の哨軍宋好漢に従う適当なものを求めた。徳馨は朝鮮人のかわりに、賢くて機転がきくものとして、降倭呂余文《りょよぶん》を推挙した。宋好漢とともに慶州に至った呂余文は、ここで剃髪し、日本兵に変装し、そのあと蔚山の陣営に潜入した。

二十一日（日本暦二十日）、日本陣営の様子を探った呂余文は慶州まで兵を進めた楊鎬のもとに、日本軍の配置図ならびに兵力数を記したメモを差し出した。蔚山島山とその南を流れる太和江周辺の日本陣営の位置が克明に記されていた。これにより、楊鎬は諸将を集め、進兵三路を示した。

二十二日（日本暦二十一日）、副総兵李芳春らの明左軍は左路より、副総兵高策の中軍は中路より、参将彭友徳《ほうゆうとく》の右軍は右路より蔚山に進撃した。そして、副総兵呉惟忠は梁山方面を扼し、遊撃董正誼《とうせいぎ》は南原に赴き、ともに蔚山を救援するであろう日本軍の防備にあたった。遊撃盧継忠は兵二千を率い、西江に屯して水路を防いだ。ここに蔚山総攻撃の態勢が整ったのである。

蔚山の攻防

一五九七年（宣祖三十）十二月二十三日（日本暦二十二日）、この日、明提督麻貴の率いる明・朝鮮軍が蔚山に到着した。卯《う》の刻（午前六時）、明遊撃将擺賽《はいさい》を先鋒とし、そのあとに続く参将楊登山《ようとざん》の明・朝鮮連合軍は普請半ばの蔚山島山

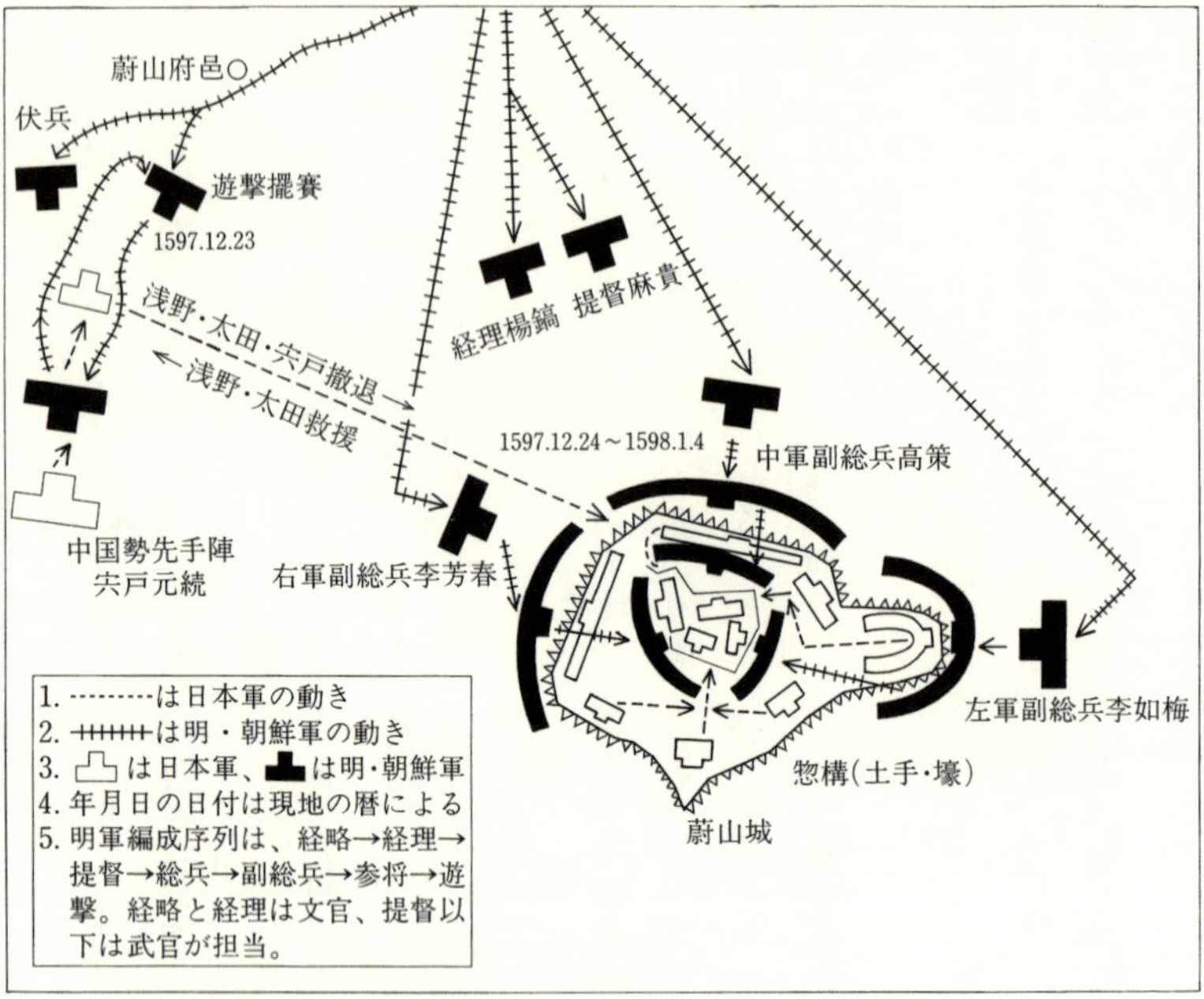

図19　蔚山城籠城戦要図（部分拡大図）

に迫った。この時、宍戸元続ら中国衆の先手陣は城外の北方二十五町（約二・七キロ）の地点に防禦《ぼうぎょ》を構えていた。明・朝鮮軍は、まずこの陣所に襲撃を加えた。この知らせを受けた浅野幸長・太田一吉、それに清正家臣加藤清兵衛らは中国衆の応援に駆けつけた。激戦の末、巳《み》の刻（午前十時）、中国衆は蔚山城の惣構の中へ退却した。この合戦で太田一吉は負傷した。

この明・朝鮮軍の襲撃により、蔚山城内は我先に城に籠《こも》ろうとするものがあふれ、混乱の極に達した。清正はこの時、西生浦にいた。それは西生浦城を黒田長政に引き渡す準備のためであったものと思われる。ここで蔚山の急を聞きつけた清正は、吉村左近・吉村長右衛門・下川右衛門作・蟹江藤三郎・下川兵太夫・三宅喜蔵・相田権内・魚住彦十郎・嘉礼次郎三郎・河原少九郎らの小姓《こしょう》衆、阿波為兵衛・村田八右衛門らの母衣衆、村田市太夫・平野角右衛門らの弓頭、それに舟手頭梶原助兵衛らを率い、小舟で蔚山に向かい、戌《いぬ》の刻（午後八時）、蔚山城に入った。この夜、明・朝鮮軍は蔚山城から一里半ほど東の山に陣をとった。この日から蔚山の籠城が始まる。

二十四日（日本暦二十三日）、この日、卯の刻（午前六時）、明・朝鮮軍は惣構の東側の仕《し》寄《より》にかかった。この時、蔚山城は普請半ばであり、惣構の壕や土手は完成していなかったのである。このため、明・朝鮮軍は容易に惣搆を突破し、浅野幸長勢が守備する二ノ丸に攻撃を集中した。清正は魚住彦十郎を幸長のもとに遣わし、巳の下刻（午前十一時）、本丸に引きあげさせた。勢いにのった明・朝鮮軍は本丸・二ノ丸・三ノ丸を包囲し、仕寄にかかる。この時、城内にいた慶念は「ここが往生の庭」と覚悟を決めた。この日の未の刻（午後二時）、西生浦の清正家臣が船二一～三十艘に分乗して蔚山城に入っている。

二十五日（日本暦二十四日）、明・朝鮮軍の城攻めはこの日も続いた。しかし、本丸・二ノ丸・三ノ丸の石垣は堅固であった。明・朝鮮の兵卒は石垣に蟻のように張りついて仰ぎ攻めようとするものの、垂直に削ったような石垣には足をかけるところもない。また石垣上に築いた櫓は城外に跨出し、仰ぎ攻めるものを見下ろして、雨のように鉄炮をあびせた。遊撃陳寅《ちんいん》は砲撃に遭って担ぎ出され、死傷者は続出した。このため、経理楊鎬と提督麻貴は火攻め計画を立てるとともに、城を囲い、水・兵糧の尽きるのを待つこととした。事実、生捕りにした日本兵の供述や城内から逃げ出した朝鮮人女性の証言により、蔚山城には井戸がなく、水も兵糧も底をついていることが明軍に知られたのである。

二十六日（日本暦二十五日）、この日、楊鎬は一策を案じた。それはまず明兵を休息させることであり、それに替わって降倭と朝鮮兵を使おうとするものであった。具体的には、

図20　『蔚山籠城図屏風』(部分、福岡市立博物館所蔵)

石垣の構造を知っている降倭に蔚山城の石垣を毀壊《きかい》させ、そして、降倭と朝鮮兵が乾柴をもって城を火攻めにし、さらに城下の井戸を埋めることであった。降倭に石垣を毀壊させるということは、晋州の戦いのさい、日本軍が石垣を崩したことを想起したかもしれない。

楊鎬の指示に従い、李徳馨と都元帥権慄、その他、朝鮮軍の諸将らはそれぞれの兵を率い、乾柴と楯を持って惣構の柵を越え、石垣に迫った。しかし、雨の如き銃砲をあびせられ、撤退せざるを得なかった。

一方、城内の日本軍は水不足に悩まされていた。たまたまこの日は雨が降り、雨水で口を濡らし、一時をしのぐ有様であった。それ故か、兵卒一人が明側に投降した。明軍はこの降倭に賞銀を与え、紅（慶事を示すもの）を掛け、駿馬に乗せて、日本軍に投降を呼びかけた。これにより、城内からは投降者が続出した。清正はこれを取り締まるため、城門を固く閉ざした。

明軍の清正降誘作戦

一五九七年（宣祖三十）十二月二十七日（日本暦二十六日）、この日、朝鮮被擄人四人が蔚山城内から逃げ出してきた。楊鎬と麻貴が彼らから城内の様子を尋ねたところ、城中の兵卒は焼米を拾って食べ、雨が降れば、そのしずくを衣服や紙に濡らしてすすっているという。これを聞いた楊鎬は一計を案じた。朝鮮軍を使って、城の周りを馬で駆けめぐって砲を放たせ、それに応戦する日本軍に鉄炮を連発させて、休息する余裕を与えないようにすることであった。それとともに楊鎬は、朝鮮軍の別将金応瑞に配下の降倭を率いて井戸の傍らに待伏せし、夜ごとに水を汲みに来た日本の兵卒を捕らえさせる策を取ったのである。

一方、籠城する日本軍は一つの策を講じた。清正の副将美濃部金大夫《みのべきんだゆう》（喜八郎《きはちろう》）が慶尚兵使成允文《せいいんぶん》に書翰を届けた。日本兵数人が城を出て、竹竿に挿した書翰を立てた。楊鎬は配下のものにそれを取らせて読んだところ、「清正は西生浦に居て未だ戻って来ない。ここにはわれら小将のみが居る。もし朝鮮の将官一人がわれわれと西生浦の清正のところへ行って誼《よし》みを講ずれば、日本・朝鮮両国の人は死を免れ、無事となる」というものであった。この策は清正が西生浦から救援にくるものと思わせ、明・朝鮮軍の勢力を分散させようとはかったものであろう。

しかし、楊鎬らが城中から逃げ帰った朝鮮被擄人に詰問したところ、清正は他の部将とともに城中に居るといい、清正が西生浦に居るというのは嘘であることがはっきりした。

ここで楊鎬は「清正が降伏すれば、城中の倭人は死を免れるだけでなく、朝廷に奏上《そうじよう》して、清正を褒賞して官を与えるようとりはからう」との勧告状を作成し、それを通事朴《つうじぼく》大根《だいこん》と清正の家臣であった降倭岡本越後守、さらに宇喜多秀家の家臣であった降倭田原七左衛門に持たせた。彼らは巳の刻（午後十時）ころ、清正に面談し、城を明け渡し退散すれば、軍兵の命は助かると勧告した。この岡本越後守について、私は朝鮮侵略勃発の当初、いち早く降倭となった清正の先鋒将沙也可《さやか》であると考える。

ところで、この勧告を受けた日本軍は「戦うなら相手になろう。和を結ぶならば、和を結ぼう。その場合、囲みの一面を開き、われわれが城から出ることを保障し、明の将官を人質として送ることが条件である」と返答した。

二十九日（日本暦二十八日）、前日は氷雨であったが、この日は風勢が良好であった。楊鎬は柴木を用意して、風に乗じて城を火攻めにしようとした。一方、清正配下の兵はこれを阻止するため、船で太和江を上った。ここで明軍との間に砲撃戦が始まった。申の末刻（午後五時）ころ砲撃戦は終った。このあと、明兵と朝鮮兵は楯と草束を持ち、三ノ丸に迫って放火を試みるも、城内からの銃撃が激しく、これは成功しなかった。やむを得ず、楊鎬は陣営に帰り、そのまわりに草葺きの小屋を設けて諸兵を久駐させようと考えた。これに対して、提督麻貴は、囲いの一面を開き、日本軍を脱出させ、伏兵を配置してこれを撃つことを主張したが、楊鎬はこれを聞き入れなかった。

三十日（日本暦二十九日）、水と兵糧が欠乏し、鉄炮の玉薬も底をついた。この日の朝、清正は明側の和談に応じようとした。朝鮮側に書を投げ、「講和したいが、城中に文字を理解できるものがいない。船上には僧侶がいる。その僧侶を出させれば、和議の書状を書き上げることができる」と伝えた。会談は蔚山城と明の陣営の間に仮小屋を設け、そこで行おうというものであった。しかし、浅野幸長は「敵情は量りがたい」と、これを必死に阻止した。そして会談延期を明軍に通告した。

日本軍の蔚山救援

楊鎬が降倭岡本越後守を使者として降伏を勧告した二十七日（日本暦二十六日）、毛利秀元・黒田長政をはじめとする蔚山救援軍が西生浦に集結していた。

氷雨と飢えと寒さにより、明・朝鮮の兵が戦闘心を失い始めた二十八日（日本暦二十七日）、毛利吉成・山口宗永らの救援軍は、蔚山を包囲する明・朝鮮軍の背後に迫っていた。清正が明との和談を拒否した三十日（日本暦二十九日）、浅野幸長は毛利秀元・黒田長政・山口宗永らの物見船が蔚山沖に現れたことをその馬印を見て確認した。

年があけて一五九八年（宣祖三十一）正月一日（日朝同暦）、この日、蔚山に籠城する日本軍は明・朝鮮軍を後巻きする毛利秀元らの救援軍との連絡を果たした。浅野幸長と軍目付太田一吉のもとからそれぞれ伝令が救援軍のもとへ走り、これまでの籠城の顚末を記した書状を届けた。

二日（日朝同暦）、この日、西生浦からの日本軍救援隊が水陸両路から蔚山に迫った。陸路からの日本軍は嶺々に旗幟を立て、水路からは兵船数百艘が塩浦（現、蔚山市塩浦洞。現在、蔚山湾から太和江の河口を七〜八キロほど遡上した北岸。室町時代、倭人が住みついていた港町）に停泊した。楊鎬は遊撃擺賽と遊撃頗貴《はき》を箭灘《せんだん》に往かせ、副総兵呉惟忠と遊撃茅国器に海上より蔚山救援に向かう日本軍を遮断させようとした。しかし、雨のあとの北風がすさまじく、兵士はみな凍えおののき、軍馬は飢えと寒さのため斃れ、士気は振わなかった。

この日の未明、救援軍の声を聞き、はるか彼方に幟を見た慶念はほっとした。この夜、清正は救援軍に使いを送り連絡を取った。その内容は翌日の動きに見られる。

三日（日朝同暦）、この日、救援隊と連絡のとれた清正は楊鎬に会談の約束を反古にすると通告した。その夜、子《ね》の刻（午後十二時）、明・朝鮮軍を後巻する救援軍は夜襲をかけた。戦闘は翌日の辰《たつ》の上刻（午前七時）ころまで続いた。

四日（日朝同暦）、前日の夜中から後巻きする日本軍と戦う明・朝鮮軍は、清正降誘策に失敗したこともあり、未明より軍を分けて、その一隊を蔚山総攻撃に向けた。楊鎬は城の四面に梯子をかけ、石垣に兵士を登らせた。籠城軍は松明をかざし、鉄炮を放ち、弓で射落とし、あるいは切り落としてこれを防いだ。楊鎬はこれにひるむ兵士を斬って見せしめにし、さらなる戦いを督したが、夜明けには劣勢となっていた。

このあと、明軍は「加徳・安骨・竹島・釜山に駐屯する十一の日本諸大名らが六万の兵を率いて救援する。蔚山城を死守し、救援を待て」という日本軍の伝令書を入手した。しかし、この時、すでに日本の軍船九十艘が太和江に突入し、陸路の日本軍も明・朝鮮軍の後をとり巻いていた。

事、ここに至って、楊鎬は朝鮮接伴使李徳馨に「城は堅固であり、陥すことができない。兵士を救うことが優先する。何か方策はあるか」と尋ねた。徳馨は「清正の城を攻めるのは簡単ではない、それよりも、一万ほどの兵をもって、箭灘・彦陽《げんよう》の路を防ぎ、救援する日本軍を迎撃する策はどうであろうか。この地点は戦場として格好の場所である。日本軍が来れば皆殺しにできる」と提案した。

しかし、楊鎬は「連日の城攻めに兵士は多く死傷した。囲を解いて退くにしかず」とこの提案を受け入れなかった。徳馨が憮然としたことはいうまでもない。

この夜、楊鎬は各陣営を撤退させることとした。擺賽と楊登山に殿備《しんがりそなえ》を命じたが、擺賽はあくまで決戦を願った。楊鎬はこれを許さなかった。ふてくされた擺賽は楊鎬の馬前に横臥（横ざまにねる）して起きなかった。楊鎬は武器・兵糧の焼却を全軍に命じ、明・朝鮮軍は夜中に慶州へ退却した。明兵の死者は千四百人、負傷者は三千人ほどと言われる。

一方、毛利秀元ら救援軍の部将たちは、この夜、蔚山城内に入った。ここに十二日間にわたる地獄変さながらの蔚山の籠城は終わった。

朝鮮侵略の終焉

日本軍の朝鮮撤退

秘せられた秀吉の喪

一五九八年（慶長《けいちょう》三）八月十八日、豊臣秀吉《とよとみひでよし》はその生涯を閉じた。秀吉の病状が悪化したのはこの年の六月ころからである。そして八月に入り、「太閤《たいこう》危篤」の噂は巷《ちまた》に広がった。伏見《ふしみ》一帯では不穏な空気が流れた。秀吉死去の前日、伏見に騒動が起こり、人心はおののいていた。石田三成《いしだみつなり》ら五奉行《ぶぎょう》は命令を発し、武士たちが具足《ぐそく》を帯びて主家に馳せ参ずることを禁止した。秀吉の他界にさいし、五奉行らは内外の騒動を配慮して、その死去を秘すことを誓いあった。そして翌十九日、前田玄以《まえだげんい》は高野山木食上人応其《こうやさんもくじきしょうにんおうご》とともに、秀吉の遺骸を洛東阿弥陀峰《らくとうあみだのみね》に葬った。

この十九日、三成は家人八十島道楽斎を秀吉の見舞に登城する徳川家康《とくがわいえやす》のもとに遣わし、秀吉の死去を知らせた。ここで家康ははじめて秀吉の訃報《ふほう》を知った。この日、三成は秀吉死去の混乱に乗じてひそかに家康を討とうとはかったが、それは不発に終わったと言われている。

朝鮮撤退の名分

秀吉の死去により、豊臣五大老《たいろう》・五奉行は朝鮮在陣の日本軍を撤退させることとした。その使者は徳永寿昌《とくながながまさ》と宮木豊盛《みやきとよもり》であった。彼らが届けた五奉行の書状には秀吉の死去についてはまったく触れられていない。それどころか、秀吉は快癒に向かっているといい、詳しいことは徳永と宮木が口上するとある。この口上によって秀吉の死去が伝えられるのである。さらに和平の条件も伝えられた。それは朝鮮王子を人質とし、朝鮮から米・虎皮・豹皮・薬種・蜂蜜などの貢物を出させることであった。

この和議のまとめについては、生前、秀吉がその外交ブレーン西笑承兌《せいしょうじょうたい》に伝えたことによれば、加藤清正《かとうきよまさ》に和議を担当させ、朝鮮が詫びを入れたら赦してやれと言っている。これをふまえて、家康ら大老衆は、朝鮮撤退にともなう和議の扱いを清正に任せたものの、清正がまとめがたい場合、誰でもいいから和議をまとめること、和議の条件は日本の外聞に関わるものであり、朝鮮王子の人質が最良であるが、貢物でもかまわぬことを指示している。

朝鮮侵略の当初、秀吉は明征服を目標とした。それが日明《にちみん》講和交渉の過程で明皇帝公主の日本天皇への降嫁《こうか》、朝鮮領土の割譲《かつじょう》など和議七ヵ条へと変わった。そして秀吉の死去による朝鮮撤退という事態に至り、日本軍とすれば、撤退の名分を必要とした。それが朝鮮王子の人質と貢物というぎりぎりの名分だったのである。

秀吉の喪を知った明・朝鮮

豊臣五大老・五奉行が豊臣秀吉の死去を秘して、朝鮮在陣衆に撤退指示を出したとはいえ、それより前に、秀吉の危篤《きとく》、あるいは死去の風聞はすでに朝鮮側に伝わっていた。秀吉死去の翌々日にあたる八月二十日（日朝同暦）、慶尚《けいしょう》左《さ》兵使《へいし》成允文《せいいんぶん》は、日本陣営から逃げかえったものの話として、秀吉の病いは重く、そのため日本軍に撤退計画ありと朝鮮国王に報告している。また慶尚右水使《うすいし》李純信《りじゅんしん》も、日本から逃げかえってきた人の話として、秀吉は七月初めに病死し、日本軍は撤退しようとしていると報告している。さらに二十三日、慶尚観察使鄭経世《ていけいせい》が秀吉の病い重く、あるいはすでに死んだようだと報告している。

ここで明・朝鮮軍は撤退する日本軍を追撃する作戦に転換する。そして明軍は提督麻貴《まき》の率いる東路軍、提督董一元《とういちげん》の率いる中路軍、提督劉綎《りゅうてい》の率いる西路軍、都督《ととく》陳璘《ちんりん》の率いる水路軍の四軍の戦闘態勢を布《し》いた。かくして、麻貴の東路軍は加藤清正の蔚山《うるさん》へ、董一元の中路軍は島津氏の泗川《しせん》へ、劉綎の西路軍と陳璘の水路軍は小西行長《こにしゆきなが》らの順天《じゅんてん》へ兵を進めた。

蔚山再度の戦い

九月二十日（日本暦十九日）、麻貴の東路軍が清正の蔚山城を攻撃した。しかし、前回の蔚山籠城のさい、それは築城普請《ふしん》の最中であり、それだけに苦戦を強いられた。ところが今回の場合、普請は完了しており、石垣も矢倉《やぐら》も堅固に調《ととの》っていた。さらに兵糧《ひょうろう》と玉薬の蓄えも十分であった。清正勢は城に近づく明兵を矢倉から見下ろし、鉄炮と弓を放った。明兵は厚さ三寸ほどの楯で射撃を防いだ。その時、清正家臣木村又蔵《きむらまたぞう》が「楯《たて》の端は厚いが、中央は薄いはずだ。中央を狙え」と言った。これが成功した。十月四日、麻貴はついに蔚山攻撃を断念し、兵を慶州へ撤退させた。清正は泗川の島津氏に明軍撃退のことを知らせ、泗川にも明軍が迫っていることを気遣っている。

泗川の戦い

九月末、董一元の中路軍と慶尚右兵使鄭起龍《ていきりゅう》の朝鮮軍が慶尚道晋州《しんしゅう》に迫った。これに対し島津勢は、晋州に家臣三原諸右衛門と箕輪重長《みのわしげなが》らを、晋州の南を流れる南江の対岸（南側）の望晋《ぼうしん》（現、慶尚南道晋州市望京《ぼうきょう》洞）に寺山久兼を、その後方の永春《えいしゅん》（現、慶尚南道晋州市虎灘《こたん》洞）に川上久智を、泗川旧城（現、慶尚南道泗川市泗川邑）に川上忠実を、さらに泗川新城と船津浦の入江をはさんだ対岸の昆陽《こんよう》にも兵力を配置していた。そして、島津義弘《しまづよしひろ》は、明・朝鮮連合軍が晋州に着陣する直前に、晋州の守備軍と望晋・永春・昆陽三営の守備軍を泗川新城へ引き揚げさせた。董一元の兵は九月二十八日（日本暦二十七日）夜半から翌朝にかけて川上忠実の拠る泗川旧城に迫った。九月三十日（日本暦二十九日）、川上忠実は泗川旧城を脱出した。これらの退却は明軍に弱々しさを見せる島津勢の作戦であった。十月一日（日明同暦）、この策に陥った董一元の率いる三万六千七百の連合軍が泗川新城に迫った。島津勢はこれを城下に引きつけ、鉄炮で撃退した。泗川新城も鉄炮隊の戦術に見合った城郭普請が完了していたのである。

順天の戦い

朝鮮南岸に並ぶ番城のもっとも西に位置するのが全羅南道《ぜんらなんどう》順天であった。ここには小西行長・松浦鎮信《まつらしげのぶ》・有馬晴信《ありまはるのぶ》・五島玄雅《ごとうはるまさ》・大村喜前《おおむらよしさき》らの諸大名が在陣しており、秀吉の死去の報と撤退命令を受けた彼らは順天引揚げの準備にかかっていた。九月半ば、そこを劉綎の西路軍と陳璘の水路軍、それに都元帥権慄《とげんすいごんりつ》の率いる朝鮮陸軍と統制使李舜臣《りしゅんしん》の率いる朝鮮水軍が包囲したのである。ところが劉綎は戦意を喪失しており、戦いの始まる前から行長と劉綎の双方に和議で解決しようとの意向があった。十月一日（日朝同暦）、陳璘の明水軍と李舜臣の朝鮮水軍は海から、劉綎の明陸軍と権慄の朝鮮陸軍は陸から順天城を挟撃《きょうげき》することが決まった。二日、いっせい攻撃が始まったが、劉綎は号令を出さず、やむなく水軍は退却することとなった。三日、ふたたび挟撃したが、劉綎は鼓噪《こそう》（太鼓をうち鬨《とき》の声をあげる）相応ずるのみで兵を出さなかった。この明側の意志不統一により、順天攻撃は功を奏さなかった。十月九日、劉綎の陸軍は順天から撤兵した。このため陳璘の明水軍と李舜臣の朝鮮水軍も引き揚げることとなった。

行長と劉綎の和議密約

明・朝鮮軍の順天攻撃は失敗した。ところがこのあと、小西行長と劉綎《りゅうてい》の間に密約がかわされた。すでに戦意を喪失している劉綎は和議休戦の意向に傾いており、行長は人質または貢物など、何からの形をとりつくろって順天から撤退しようとしていた。十月十六日（日朝同暦）、劉綎は副総兵呉宗道《ごしゅうどう》と降倭《こうわ》らを順天城の行長のもとへ派遣し、贈物および人質を交換した。ところが劉綎は配下の旗手劉万守《りゅうまんしゅ》および王大功《おうだいこう》を参将と偽って人質とし、これに三〜四十人の家丁をつけたのである。これを知らぬ行長は呉宗道らを順天城の城外で宴享《えんきょう》した。そのさい、行長は呉宗道を通じて劉綎につぎのように伝言した。すなわち、明・朝鮮の水軍が順天沖（光陽湾《こうようわん》）に迫っているので撤退できないこと。したがって劉綎配下の陸兵をしてわれわれを水軍から護ってほしいこと。そして行長は人質の兵卒をさらに二十人増やしてほしいと告げ、さらに、われわれが打ちとった首とわれわれの武器はそのままにしておくので、われわれの撤退後、これを入手して戦功とされたしということであった。

順天に封鎖された行長

十一月一日（日本暦十月三十日）、慶尚南道西岸の順天・南海・泗川・固城《こじょう》の各地に在陣する小西行長・立花宗茂《たちばなむねしげ》・宗義智《そうよしとし》・島津義弘《しまづよしひろ》らの西目衆《にしめ》はつぎのような覚書を交わした。

それは、

①西目衆は慶尚南道《けいしょうなんどう》東岸の蔚山・西生浦《せいせいほ》・機張《きちょう》・金海竹島《きんかいちくとう》に在陣する加藤清正・浅野幸長《あさのよしなが》・黒田長政《くろだながまさ》・鍋島直茂《なべしまなおしげ》らの東目衆《ひがしめ》撤退のあと、日限を定めて巨済島《きょさいとう》に撤収し、その後、釜山浦へ向かうこと、

②順天または泗川で和議をまとめ、人質を請け取るようつとめること、

であった。

この約定により、十一月十六日（日本暦十五日）、島津勢は泗川新城を焼き払い、朝鮮本土と南海島の間に位置する昌善《しょうぜん》島へ引き揚げた。この昌善島で島津勢は小西行長・松浦《まつら》鎮信《しげのぶ》・有馬晴信《ありまはるのぶ》・大村喜前・五島玄雅《ごとうはるまさ》ら順天在番衆と合流することになっていた。このころ、行長らのいた順天城は明・朝鮮連合軍に囲まれ、彼らは撤退できなかったのである。

これより先、十一月十三日（日本暦十二日）、行長らは先に劉綎との密約もあり、順天を撤退しようと船を出したが、その行手を明・朝鮮の水軍に阻まれた。行長は劉綎の約束違反に激怒し、人質のうち二人の腕を切って劉綎のもとに送りつけたが、劉綎はこれは自分の与り知らぬことであると言い、水軍都督《ととく》陳璘《ちんりん》に賄賂を贈って脱出を願えと暗示したのである。露梁の海戦はこのあとである。

清正蔚山撤退の名分

一方、清正ら東目衆はこの時期、どのような動きを取っていたのだろうか。一五九八年（慶長三）十月、明《みん》軍の南下を心配した徳川家康は清正と黒田長政に、両者相談のうえ、釜山浦へ引揚げ帰国するよう書状を送った。この書状は十一月半ばころ、清正らのもとに届く。まさに行長らが順天城に封鎖されている時期である。

行長らが順天に封鎖されたことについて、日本軍の撤退をまとめる舟奉行寺沢正成《てらさわまさなり》は清正および黒田長政に指令を出した。その書状は十一月十二日（朝鮮暦十三日）の日付であり、清正・長政のもとに届いたのは十五日（朝鮮暦十六日）夜半のことであった。その内容は行長らが順天に封じ込められたこと、そのため、島津義弘と立花宗茂らは居城を引き払って救援しようとしていること、東目衆はそれぞれの居城を引き払って釜山浦《ふざんぽ》へ来られたし、相談したいことがあるというものであった。

この寺沢の指令にもとづき、清正は島津義弘・忠恒《ただつね》父子および立花宗茂に書状を送り、五大老・五奉行の朝鮮撤退指令により、十八日（日本暦十七日）蔚山を引き払って釜山浦に向かうこと、明・朝鮮軍に囲まれている行長らの救援に赴く覚悟であることを伝えた。

十一月十八日（日本暦十七日）、清正は蔚山城を焼き尽くし、蔚山を撤退するのは順天の行長らを救援するためであると、明軍宛の告示文を城外に掛けて撤去した。このあと明提督麻貴は軍を率いて蔚山に入城し、別に一隊を派遣して清正勢の追撃にあてた。清正ら東目衆は二十三日（日本暦二十二日）、釜山浦に着陣した。

清正らの釜山浦撤退

ところで東目衆が釜山浦に着く前の二十一日（日本暦二十日）、寺沢正成は、行長らが南海の南を廻って巨済島瀬戸口まで到着したと東目衆に知らせた。この知らせにより、行長らは順天を脱出したものとみて、十一月二十四日（日本暦二十三日）、加藤清正・黒田長政・毛利吉成・鍋島直茂らの東目衆は釜山浦の番城を焼払い、朝鮮より撤去した。そして西目衆は十一月二十五日（日本暦二十四日）に釜山浦より帰国の途についた。ここに一五九二年（天正二十）四月以来、六年七ヵ月にわたった豊臣秀吉の朝鮮侵略は幕を降ろしたのである。

このあと清正は一五九八年（慶長三）十一月二十七日、壱岐勝本《いきかつもと》に着岸した。ここで清正は国元の加藤喜左衛門・下川又左衛門に書状を送り、国元の法度《はっと》を厳守するよう指示し、自身は上洛《じょうらく》することを伝えた。清正を待っていたのは伏見の騒動であった。

朝鮮侵略の後遺症と伏見の騒動

秀吉死後の権力闘争

朝鮮から撤退した加藤清正《かとうきよまさ》が博多に着いたのは一五九八年（慶長《けいちょう》三）十二月二日である。その後、清正は上洛《じょうらく》し、伏見《ふしみ》へ赴き、豊臣秀頼《とよとみひでより》に帰国の挨拶をした。

このころ、豊臣政権は五大老《たいろう》を軸とする合議《ごうぎ》体制を取っていた。豊臣秀吉《とよとみひでよし》死去のあと、一五九八年九月三日、徳川家康《とくがわいえやす》・前田利家《まえだとしいえ》らの五大老および石田三成《いしだみつなり》らの五奉行《ぶぎょう》は豊臣秀頼に忠節を誓い、互いに協力することを申し合わせた。しかし、それはうわべだけのことであった。

一五九九年（慶長四）一月十日、この合議体制にとって、一つの転機がおとずれた。それは秀頼の大坂移転である。この日、秀頼は父秀吉の遺命により、前田利家を従え伏見城から大坂城へ移った。これには家康も供奉した。時に秀頼、満五歳であった。これにより、秀頼を後見する利家のいる大坂、それに対し家康の留まる伏見、これが、事実上、政局の二つの極となり、諸大名はこの両者の間を離合集散するようになった。秀頼に大坂へ同道した家康は、十一日、片桐貞隆《かたぎりさだたか》の屋敷に宿泊したが、その夜、家康をねらったものがあると言われている。しかし、真偽のほどは定かでない。

このような状況のもとで、家康は自己の勢力拡大をはかる。その一つが諸大名との婚姻政策であった。家康は伊達政宗《だてまさむね》・福島正則《ふくしままさのり》・蜂須賀家政《はちすかいえまさ》との間に婚儀を交わした。それは、①政宗の長女五郎八姫《いろはひめ》を家康の第六子松平忠輝《まつだいらただてる》に娶らせ、②正則の子正之に、家康の姪松平康元の娘を養女として娶らせ、③家政の子豊雄に小笠原秀政の娘（家康の外曾孫《そとひまご》）を養女として娶らせようとするものであった。

一五九九年一月十九日、前田利家ら四大老と石田三成ら五奉行は家康らに秀吉の遺命に背くものと、これを詰問した。その遺命とは、一五九五年（文禄《ぶんろく》四）八月二日、徳川家康・前田利家・宇喜多秀家《うきたひでいえ》・毛利輝元《もうりてるもと》・小早川隆景《こばやかわたかかげ》が連署し、秀吉の前で、諸大名の間の婚姻は許可を得て行うことなどを誓約したものである。

詰問の結果、二月五日、家康は四大老と五奉行に対し、私に婚姻したことの非を認め、今後、遺恨を残さずとの誓書をいれたことで、一応の決着はついた。

ところがこの間、石田三成らに家康謀殺計画ありとの風聞が流れ、加藤清正・池田輝政《いけだてるまさ》・福島正則・黒田孝高《くろだよしたか》・黒田長政《くろだながまさ》・藤堂高虎《とうどうたかとら》・鍋島直茂《なべしまなおしげ》らが家康の屋敷に馳せ参じた。さらに噂は関東に流れ、伏見勤番《きんばん》交替のため上洛の途《と》にあった家康家臣榊原康政《さかきばらやすまさ》・本多正信《ほんだまさのぶ》・井伊直政《いいなおまさ》らも家康のもとに駆けつけた。まさに一触即発の事態であった。

このような不穏な事態に配慮してか、二月二十九日、前田利家は病身をおして伏見に家康を訪ね、用心のため伏見の屋敷を引き払い、向島《むかいじま》（現、京都市伏見区向島。伏見城跡の南を流れる宇治川の対岸）に移るよう勧告した。当時、伏見における家康の屋敷は三成の娘聟《むこ》福原長堯《ながたか》らの屋敷と隣接していたのである。

翌月十一日、今度は家康が利家の病状見舞と先日の伏見訪問の御礼を兼ね、大坂に赴いた。その夜は藤堂高虎の屋敷に宿泊した。ところがこの時、ふたたび三成らの家康襲撃計画があった。これを察知した高虎は家康に通報した。これにより、家康に味方する加藤清正・池田輝政・福島正則・細川忠興《ほそかわただおき》・黒田長政・浅野幸長《あさのよしなが》らが高虎の屋敷を警固《けいご》したのである。

三成らによる家康襲撃計画とその失敗、この不穏な状況は「大坂に雑説あり」と京都の公家の間にも広まった。そのような中、閏《うるう》三月三日、前田利家が死去した。これより先、利家から伏見を引き払って向島への移転を勧められた家康は、三月二十六日に向島の屋敷に移っていた。この祝儀のため宇治《うじ》川の橋を往来する諸大名の絶えることはなかったという。そして利家死去のあと、閏三月十三日、家康は諸大名の要請により、ふたたび伏見へ戻り、伏見城西の丸に居を移した。ここに合議体制の均衡が崩れ、政局の中心は家康に移ったのである。

帰国大名の憤懣

伏見と大坂を舞台として権力闘争が繰り広げられている時、清正ら朝鮮から撤退してきた諸大名らも、朝鮮出兵のさいの不満をかかえ、この政争に加わってゆく。

それは一五九九年（慶長四）三月十三日のことであった。加藤清正・蜂須賀家政・黒田長政・細川忠興・脇坂安治《わきさかやすはる》・加藤嘉明《かとうよしあき》・福島正則・浅野幸長らが石田三成に蔚山《うるさん》籠城戦のさいの軍目付福原長堯および垣見一直《かきみかずなお》・熊谷直盛らを切腹させるよう迫ったのである。その理由はこの三人の軍目付が前年四月に帰国して、秀吉に蔚山籠城の顚末について、①蔚山救援のさい、蜂須賀家政・黒田長政は後巻の先手でありながら合戦にひるんだこと、②

宇喜多秀家ら朝鮮在陣諸大名の戦線縮小案（加藤清正在番の蔚山城と小西行長在番の順天城を放棄し、清正を西生浦、行長を泗川、島津義弘を固城に移すこと）に早川長政《はやかわながまさ》・竹中隆重《たけながたかしげ》・毛利高政《もうりたかまさ》らの軍目付が賛同したと報告したことにある。これが秀吉の逆鱗《げきりん》に触れ、秀吉は蜂須賀家政・黒田長政を臆病者と決めつけ、家政に領国謹慎を命じ、さらに早川長政らの軍目付も謹慎処分とした。一方、秀吉は長堯らに対し、豊後《ぶんご》に所領を加増したのである。清正らはこれを虚偽の報告であり、三成が娘婿である長堯と仕組んだものであると訴える。

これに対し三成は、長堯ら三人の目付は朝鮮の戦功をありのまま秀吉に報告し、これにより秀吉が恩賞を与えたものであり、それは軍目付の権限ではない、とつっぱねた。これにより、三成と清正らの間はこれまで以上に険悪となった。

暴露された行長の偽り

ここで三成側は清正らに反撃を加える。それを実行したのは行長と朝鮮撤退のさいの舟奉行寺沢正成《てらさわまさなり》であった。彼らは、朝鮮撤退のさい、加藤清正・鍋島直茂・毛利吉政・黒田長政ら東目衆が舟奉行寺沢正成の指示に従わず、早々と引き揚げたといい、これは抜駆けであると弾劾《だんがい》したのである。これに対して清正らは連判して、糺明《きゅうめい》されたきことがらを徳川家康ら五大老に訴えた。そのあらましはつぎのようである。

その第一点は撤退の経緯についてであり、あくまで明《みん》・朝鮮側との和議を結んで日本の体面をまとめて撤退するか、日本軍全体の無事を優先して即時するかの問題であった。

①　順天における行長の明将劉綎との和議交渉失敗とその醜態について

一五九八年（慶長三）九月十九日（朝鮮暦二十日）、順天に在城していた小西行長《こにしゆきなが》は和議会談のため、明提督劉綎と対面しようとした。ところが明軍は行長を騙《だま》し討ちにして捕らえようと画策した。それに行長は気づいて逃げたものの、多数の兵卒が殺され、ついに順天に籠城するはめに陥った。これは沙汰の限りである。

このころ、清正の在番する蔚山城と島津勢の在番する泗川《しせん》新城にも明軍が攻め寄せたが、これは撃退した。そのため、順天を取り巻いていた明・朝鮮軍も十月十日に引き揚げることとなったのである。

②　和議にこだわり、撤退を遅らせた正成と行長

清正は秀吉の死去を聞き、朝鮮在陣衆を無事に撤退させれば、日本にとって最良と考え、黒田長政と相談した。長政は慶尚南道機張《けいしょうなんどうきちょう》で寺沢正成と会い、相談したところ、正成は東目衆と西目衆が揃って撤退するよう指示すると言った。

十月二十五日（日朝同暦）、正成が行長は和議をまとめるため、明軍と折衝するとの

触状を出した。われわれは行長がまた前回同様の騙し討ちにあうものと心配していた。

十一月十二日（朝鮮暦十三日）、正成の書状によると、またまた行長は騙し討ちにあい、順天に籠城し、その救援のため、島津義弘《しまづよしひろ》・立花宗茂《たちばなむねしげ》らはそれぞれの番城を引き払ったという。

十一月十七日（朝鮮暦十八日）、清正も長政も順天救援のために番城を引き払い、釜山浦に向かった。ところが正成は清正・長政の着陣を待たず、釜山城を出てしまった。

十一月十八日（朝鮮暦十九日）、清正・長政らは順天救援のため出船し、加徳島で鍋島直茂と今後の対策を練った（この日、露梁の海戦）。

十一月十九日（朝鮮暦二十日）、清正・長政のもとへ、西目衆の水軍が敗退したとの知らせが入った。清正・長政らは行長の安否を気遣い、島津義弘・立花宗茂・寺沢正成のもとに問い合わせたところ、正成からの知らせでは、行長は南海の南をまわって、巨済島にたどり着いたという。

十一月二十二日（朝鮮暦二十三日）、清正・長政らは釜山浦に明・朝鮮軍が迫っていることを配慮し、この日、釜山浦に帰陣した。

十一月二十三日（朝鮮暦二十四日）、西目衆が釜山浦の瀬戸に着いた。このあと、寺沢正成は清正ら東目衆に相談をもちかけた。その一つは、明水軍が椎木島（絶影島）の瀬戸に迫ってくるので安宅船を出して防禦せよということであり、今一つは、行長らが明側から請取った人質を日本へ送るか、成敗するか、明へ送り還すかということであった。

清正らは、明水軍防禦の件については相談に預かっていないこと、明側からの人質の扱いについては、正成・行長らの判断にまかせる問題なので、われわれが相談に預かることではないと、これを断った。

これに対し正成は、前年八月、徳永寿昌・宮木豊盛が届けた撤退指令書（御朱印《ごしゅいん》）には、諸事相談し、和議をまとめて撤退せよとあると言う。そこで清正らは使者を通じて撤退指令書を見たが、相談せよとはあるものの、正成らの言動には理解し難きことがあり、撤退指令書返却の使者を寺沢のもとに遣わした。ところが正成らはすでに出船し、それを返却できなかった。そのため、やむをえず釜山城を放火して陣払いした。

第二点は、舟奉行寺沢正成の失態と無策についてである。一五九八年（慶長三）十一月十六日（朝鮮暦十七日）、正成は釜山城に在番しており、毛利吉成に番城の加勢を命じた。そのさい、正成は釜山《ふざん》城の丸山（子城）を空け、西目（釜山より西の巨済島《きょさいとう》・南海・順天方面）に向かうと言った。吉成は順天城に籠る行長を救援するため、釜山に留まらず、ともに救援に向かうと申し入れた。

これに対して正成は吉成に、自分は行長とともに和議をまとめるために出かけると言い、吉成の申し出を断った。吉成は順天が籠城状態となっており、和議をまとめるのは困難であるとみて、明日、加藤清正と黒田長政が釜山に着陣するのを待ち、順天を囲む明・朝鮮軍の後巻を正成に申し入れた。正成は和議は必ずまとまるはずであり、そのようになれば日本の面目《めんぼく》も立つと言った。これにより吉成は釜山城を預かることとなった。ところが正成は和議をまとめることもできず、行長の安否も確認できず、朝鮮水軍に追いまわされ、南海から釜山浦に逃れてきた。これは前代未聞のことである。

正成とその兵卒は一両日釜山に逗留《とうりゅう》したが、釜山城の城米はすでに撤退用の船に積みこんでしまったので、城に兵糧は残っていなかった。

釜山城撤退のさいの放火については、加藤清正・浅野幸長・鍋島直茂・黒田長政らと相談し、西目衆とも相談のため使者を出したが、すでに彼らは船に乗っており、使者は会うことが出来なかった。そのためやむをえず、陣に放火して帰朝したのである。

また、鍋島直茂も正成の無策を指摘する。一五九八年（慶長三）九月、行長の拠る順天城が明・朝鮮の水軍に囲まれたさい、正成は直茂にその救援を要請した。慶尚南道固城で直茂が正成と会ったところ、正成は敵水軍は手弱く、急いで救援に向かえとのことであった。しかし、明・朝鮮の水軍の力量を知っている直茂は、十分な戦闘態勢が必要であると申し上げ、われわれの拠点である竹島《ちくとう》城から兵力と鉄炮を用意し、固城に送らせると言い、その日限を伺ったところ、三日間のうちに順天に着けと言う。竹島から順天は遠く、今少しの猶予を願ったところ、承知されなかった。

このような場合、見知らぬところへ早船二〜三艘で出撃しても役には立たず、自分は出撃せず、副将三人に鉄炮組を添えて待機させたところ、最前は急ぎ出撃せよとのことであったが、今度は出撃を延期すると言う。われわれは竹島城などの拠点を抱えているため、引き揚げる旨を伝えた。これをもって戦いにひるんだと、大げさに悪く言われる筋合いはない。

第三点は、行長の戦闘能力欠如についてである。行長は朝鮮において粉骨《ふんこつ》の限り戦ったという。しかし、一五九二年（天正《てんしょう》二十）六月の平壌《へいじょう》攻略のさい、行長の先手が平壌城下の大同江《だいどうこう》の川端に陣をとったところ、朝鮮軍がこれに夜襲をかけた。行長はそれを助けようともせず、平壌攻めに同行した黒田長政勢がこれを追い散らした。それでも戦功は行長のものか。またその翌年、晋州《しんしゅう》攻めのさい、行長は他勢に遅れて晋州城に攻め入った。

そして片桐且元《かたぎりかつもと》の家来が鼻を切られて捨て置かれた首を拾い、それを敵の大将の首を取ったと申し立てたものを、行長は一番乗りの手柄と言上した。

一五九三年（文禄二）正月、平壌の戦いで行長は敗走した。そのさい、開城の南を流れる臨津江《りんしんこう》の氷がとける前にこれを渡河せねばならなかった。行長の兵卒には着物から肌着まであたえてソウルへ連れてきたのに、それを悪し様に言われる筋合いはない。

一五九七年（慶長二）九月、黒田長政は忠清道《ちゅうせいどう》稷山《しょくさん》で明軍と戦った。そのころ、ソウル在陣の明軍から行長のもとに、日本軍がソウルへ入れば、これを殲滅《せんめつ》するとの通告があった。これにより、行長は後詰めすると称して退き、この件を長政に知らせなかった。したがって、長政と清正勢のみでソウルに進撃することとなったが、ここで軍目付がソウル進撃をおし留めた。行長の行為は秀吉の命令に背くものである。

第四点は、行長が秀吉を欺して朝鮮王子を返還したことについてである。一五九二年（天正二十）七月、清正が咸鏡道で捕らえた朝鮮王子の扱いにつき、行長は王子を朝鮮側に還せば、朝鮮のみならず、明も秀吉に従うと偽りを述べた。秀吉はそれを信じて還すよう命じた。のち、日明間の和議折衝のさい、その条件の一つとして、朝鮮王子一人を人質として日本へ送れという条項があったが、そうであれば、行長が偽って王子一行を朝鮮側に返還する必要はなかった。

第五点は、明冊封使《さくほうし》来日の趣旨について、行長の偽りについてである。一五九六年（文禄五）、沈惟敬《しんいけい》および明の官人（冊封使）が来日した時、行長は秀吉に対して、明から詫言（謝罪）があると伝え、明に対しては、秀吉が明から日本国王に封じられることを望んでいると伝えた。行長の言動には表裏があり、明側もそれを見抜いていた。この度の朝鮮撤退の様子についても、大老衆は分別してほしい。

第六点は、一五九七年（慶長二）八月、南原攻略における行長の命令違反についてである。南原城攻撃のさい、城内にいた明将楊元が和議を申し入れた。秀吉からは、今後、明との和議を禁ずるとの命令があったが、行長は秀吉より和議をまとめる内意を得ていると称して、明側の要求に応じ、これを助けようとした。これは秀吉の命令に背くものである。

加藤清正・鍋島直茂・毛利吉政・黒田長政らは、朝鮮における行長・正成の以上のような失態と偽りについて、それを五大老のもとに暴露した。この訴状はその性格上、みずからの功をいくらか誇張し、史実と相違することがあるものの、大筋においては当を得ている。ここにおいて行長は面目を失い、三成とともに激怒したことは言うまでもない。

清正らの三成襲撃

先にも触れたように、一五九九年（慶長四）閏三月三日、前田利家の死去は合議体制をささえる一本の柱が折れ、政局の中心は家康に移ったのであるが、清正らにとっても千載一遇《せんざいいちぐう》のチャンス到来を意味した。それは三成襲撃である。

利家死去の日、その後見を受けていた豊臣秀頼へ弔《とむら》いの挨拶のため、諸大名が大坂城に登城した。この機会をねらって、加藤清正・黒田長政・浅野幸長・福島正則・池田輝政・細川忠興・加藤嘉明らは三成襲撃を密約した。決行はその夜と定めた。利家の生存中、三成は利家に接近していたため、清正らは朝鮮出兵以来の憤りを含んでいても、手の出しようがなかったのである。この噂が秀頼の直臣桑島治右衛門の耳に入った。治右衛門はこの噂を三成に伝えた。三成はこの件の対処を宇喜多秀家と上杉景勝《うえすぎかげかつ》に相談したものの、良策は思い浮かばなかった。その時、伏見から大坂へ弔いに来ていた佐竹義宣がみずからの兵に三成を護衛させて伏見へ逃した。

これを知った清正ら七将は鉄炮隊を擁した三千ほどの兵を率いて三成のあとを逐った。ところが四日、三成はこともあろうに、政敵家康の屋敷に避難し、死中に活を求めた。七将らは連署して、再三、三成の引き渡しを家康に申し入れたが、家康は七将を説得し、三成を近江佐和山に退去させた。先にも述べたように、家康が向島から伏見城西の丸へ戻ったのはこの後のことである。

この事件のあと、閏三月十九日に至り三成側を追いつめる出来事が起こった。それは、去る三月十三日、加藤清正・蜂須賀家政・黒田長政らが蔚山籠城戦に関する軍目付福原長堯らの秀吉への報告について、それは虚偽であると訴えた問題である。これを五大老が裁断し、長堯らの所領を没収し、豊後府内城をもとの領主早川長政に返付した。そして蜂須賀家政と黒田長政には蔚山救援の戦功を正当に評価した。この裁断には、三成を除く前田《まえだ》玄以《げんい》・浅野長政・長束《なつか》正家《まさいえ》・増田《ました》長盛《ながもり》の四奉行も加わったと言われている。かくして、関ヶ原へのカウント・ダウンが始まる。

家康・秀頼二条城会見と清正——エピローグ

一六一一年（慶長《けいちょう》十六）三月二十八日、京都二条城において、徳川家康《とくがわいえやす》と豊臣秀頼《とよとみひでより》の会見があった。家康はこの前日に行われた後水尾天皇《ごみずのおてんのう》の譲位の大儀に参列するために、駿府《すんぷ》から上洛し、三月十七日、二条城に着いたのである。そして三月二十日、家康は織田有《おだう》楽斎《らくさい》長益《ながます》を大坂城へ遣わし、秀頼にみずからの上洛を知らせた。そして家康としては、

① 一六〇三年（慶長八）、孫娘千姫《せんひめ》との婚姻以来、秀頼との対面がなく、その成長ぶりを見たいこと、

② 豊臣・徳川両家の親睦をさらに深めるためにも、二条城で対面したいこと、を伝えた。淀君《よどぎみ》はこれを許さなかった。

家康が秀頼に上洛を促したのは、この時だけではない。一六〇五年（慶長十）四月十六日、徳川秀忠《とくがわひでただ》が江戸幕府第二代征夷大将軍となり、内大臣を兼ね、正二位の官位に就いた。諸大名は伏見へ来て、秀忠の将軍就任を祝った。しかし、秀頼からは何らの挨拶もなかった。五月十日、家康は高台院（北政所《きたのまんどころ》）を介して、秀頼の上洛を促したものの、淀君《よどぎみ》はその上洛は秀頼を謀殺するためのものと勘ぐり、これを拒否した。また、豊臣家に好意をもつ大名らの間にも、秀頼の上洛は見合わせるべしとの意見があった。やむなく家康は子息の松平忠輝《まつだいらただてる》を大坂に秀頼を訪ねさせ、秀頼は忠輝を饗応して、一応、この場はおさまった。

このように淀君と秀頼をして強硬な態度をとらせたのは、豊臣家が主家であるという意識、それが凋落《ちょうらく》してゆくことに対する焦りがあったからであり、それにもかかわらず、豊臣秀吉《とよとみひでよし》の恩義を忘れない大名がいたからである。

関ヶ原《せきがはら》の戦いのあと、豊臣氏は摂津《せっつ》・河内《かわち》・和泉《いずみ》六十五万七千石の一大名に転落した。しかし、秀頼の官位は高く、一六〇一年（慶長六）三月には権大納言《ごんだいなごん》（正三位）、一六〇三年（慶長八）四月には内大臣（正二位）、一六〇五年四月には右大臣（従一位）と昇りつめた。これに対し、一六〇五年四月に征夷大将軍となった秀忠は内大臣にとどまり、国制上は秀頼が上位であった。

一六〇七年（慶長十二）三月、駿府《すんぷ》城修築普請《ふしん》のさい、幕府はその秀頼の所領に高五百石につき一人宛《ずつ》の普請人夫を賦課《ふか》したのである。これは豊臣氏を他の諸大名と同様に扱ったことを意味する。これは主家であった豊臣氏にとっては堪えがたいものであったろう。

ところが翌一六〇八年（慶長十三）春、秀頼が疱瘡《ほうそう》を患った時のことである。大坂城へ福島正則《ふくしままさのり》をはじめ、西国《さいごく》・中国の豊臣恩顧の諸大名が家康を憚《はばか》りながら見舞に参上した。また加藤清正《かとうきよまさ》は上方《かみがた》と隈本《くまもと》を往復するさい、大坂に立寄り、秀頼の安否を尋ねていた。このことは淀君と秀頼にとって心強いものであったに違いない。

そして一六一〇年（慶長十五）の秋、淀君と秀頼は加賀《かが》の前田利長《まえだとしなが》に秀吉以来の恩顧をあげ、豊臣家を支えるよう依頼した。利長は幕府への奉公が第一としてこれを断り、この旨を家康に知らせたのである。二条城《にじようじよう》会見にいたるまでに、このようないきさつがあったのである。

淀君が家康からの再度の秀頼上洛要請を拒絶しようとしたが、清正と浅野幸長《あさのよしなが》は、ふたたび秀頼の上洛を拒絶すれば戦いになることを心配した。そして、われわれが一命にかけても秀頼を警固すると、淀君と秀頼を説得したのである。これにより、秀頼は家康との会見のため上洛することとなる。

一六一一年（慶長十六）三月二十七日、秀頼は加藤清正・浅野幸長・織田長益・片桐且《かたぎりかつ》元《もと》・片桐貞隆《かたぎりさだたか》・大野治長《おおのはるなが》をはじめとする三十人ほどの衆に警固《けいご》され淀川を遡航《そこう》した。その途次、淀川の左右岸を清正・幸長の兵卒が弓・鉄炮を構えて警固をかためた。伏見《ふしみ》の淀津に着いた時、家康からの迎えとして、家康の子息右兵衛督（のちの尾張徳川家の初代義直）・常陸介（のちの紀伊徳川家の初代義宣）・池田輝政《いけだてるまさ》・藤堂高虎《とうどうたかとら》らが来ていた。

翌二十八日、秀頼一行は伏見竹田大路をとおって二条城へ向かった。これには家康より迎えとして遣わされた右兵衛督・常陸介・輝政・高虎らも随行した。清正と幸長は秀頼壮健の様子を洛中の人々に見せるため、秀頼の乗る輿《こし》の左右の扉を開き、その側を警固したのである。

やがて一行は洛中の片桐且元の屋敷に入り、秀頼は肩衣袴に衣替えをすませ、辰《たつ》の刻（午前八時）、二条城に着いた。そして家康は秀頼を玄関に出迎えた。家康と秀頼は御成《おなり》の間に入り、家康は北に着座し、秀頼は南に着座した。清正は秀頼の傍らに侍座して離れなかった。双方、挨拶のあと、吸い物が出た。やがて盃を交わしてのち、進物の交換があった。家康から秀頼へは、大左文字の太刀一腰、鍋藤四郎吉光の脇差《わきざし》一腰《こし》、鷹三居《きよ》、駿馬十

四、秀頼から家康へは、真盛の太刀《たち》一腰、一文字の刀一腰、南泉左文字の脇差一腰、龍《りよう》蹄《てい》一匹、黄金三百枚、緞子《どんす》二十巻、錦十巻、猩々皮《しようじよう》三巻などであった。ここには高台院《こうだいいん》（北政所《きたのまんどころ》）も来ていて、挨拶ののち進物の交換があった。

一方、次の間では平岩親吉《ひらいわちかよし》（主計頭、のち、徳川義直の補佐役）と家康の側近本多正純《ほんだまさずみ》それぞれが相伴《しようばん》をつとめる饗宴《きようえん》がもたれた。親吉の間には清正・幸長・輝政が、正純の間には高虎・且元・治長が招かれた。しかし、清正は饗宴の席にはつかず、終始、秀頼の側に侍った。

宴もたけなわとなったころ、清正は「さぞや母君がお待ちであろう」と出立を促した。家康もそれに同意し、秀頼を玄関まで見送り、右兵衛督と常陸介には途中まで見送らせた。このあと、秀頼一行は豊国神社《とよくにじんじゃ》を参詣《さんけい》し、方広寺《ほうこうじ》大仏工事を見て大坂に帰った。秀頼の警固に気を遣った清正はほっとしたのだろう。帰途の船中、供衆らと心ゆくまで宴をかさねた。

一六一一年（慶長十六）六月二十四日、清正はその生涯を閉じた。享年《きようねん》五十。五月二十六日、上方から肥後《ひご》へ帰る船の中で発病したのである。

清正は政《まつりごと》には不得手であった。沈惟敬《しんいけい》と組んで策を弄《ろう》した小西行長《こにしゆきなが》。豊臣秀吉《とよとみひでよし》の奉行として策略にたけた石田三成《いしだみつなり》。清正は彼らとは生き方が違っていた。職人肌の武人そのものであった。それだけに朝鮮側にとって、清正の猛勇は怨恨と恐怖の的となっていた。この点、朝鮮水軍の名将李舜臣《りしゅんしん》と一脈あい通ずるところがある。舜臣もまた政には不得手であった。彼は朝鮮官人の権力闘争には一定の距離を置きつつ、自己の任務に専念し、戦いの現場を知らぬ朝鮮官人の意見にさからってまで、自分の主張を貫いた頑固な武人であった。それだけに日本水軍にとって、これまた恐怖の的となっていた。秀吉の朝鮮侵略という空前の出来事の渦中にあって、立場こそ違え、実直な両雄の姿をここに見るものである。

百二十石の知行《ちぎょう》取りから肥後の大大名になるまでのさまざまな出来事、その一つ一つが、走馬燈《そうまとう》のように死を悟った清正の脳裏をよぎったことであろう。戦国動乱と下剋上《げこくじょう》の時代を律儀に生き抜いた清正は今も静かに熊本本妙寺《ほんみょうじ》に眠っている。

あとがき

二〇〇五年三月、私は共立女子大学を定年退職となり、ここに一九五九年以来の教員生活に終止符をうった。その四月、吉川弘文館編集部の宮川久さんが、『歴史文化ライブラリー』の一冊に何かお書きになりませんか、と話をもちかけてくださった。いろいろと話してゆく中で、豊臣秀吉の朝鮮侵略にかかわった人物を何人かあげてみた。鍋島直茂・島津義弘・小西行長・加藤清正・黒田長政などを。そして躊躇なく選んだのは清正であった。

私が自分の歴史研究の過程で清正のデータと出会ったのは一九六四年のことである。それは佐賀県立図書館所蔵の『田尻家譜』の中にあった『高麗《こうらい》日記』であった。この日記は鍋島直茂家臣の田尻鑑種《たじりあきたね》が記したものである。本書の中にも述べてあるように、鍋島直茂は秀吉の第一次朝鮮侵略に清正とともに咸鏡道《かんきょうどう》へ出陣しており、『高麗日記』には清正と直茂の動きがリアルに記してあった。内容は面白いのだが、清正の咸鏡道経略にともなう前後の事情がよく分からない。それを調べてゆくうちに年月が流れ、ようやく一九七三年八月に史料紹介「田尻鑑種の『高麗日記』」と題して、『歴史評論』に載せることができた。これが私にとって、秀吉の朝鮮侵略研究の起点となり、この研究は清正から始まったのである。

しかし、この清正研究には厚い厚い壁が立ちはだかっていた。それは池内宏氏の『文禄慶長の役　別編第一』の「第五章・加藤清正等の咸鏡道経略」であった。鈴木良一氏の話によると、それは鈴木氏が旧東京帝国大学学生の時に受けた講義ノートであるとのことだった。とにかく引用史料が豊富で、論証が緻密である。私はいまだにその掌《てのひら》から出られない。それでも日本・朝鮮双方にわたる清正関係の記録・文書にあたりながら、朝鮮侵略における清正の動きを追究してきた。

依頼を受けてから、清正についての自分の仕事を整理し、その夏には原稿をまとめた。しかし、それはこれまでの仕事のつぎはぎにすぎず、われながらつまらなかった。もう一度、『九鬼文書』『清正高麗陣覚書』をはじめとする日本側の史料、『朝鮮王朝実録』『乱中雑録』『奮忠紓難録』など朝鮮側の史料の読み直しを始めた。そして、再度原稿を書きあげた。

まとめた原稿を読まれた宮川さんは、「原稿を拝見したところ、実証に徹する先生の学風かも知れませんが、この記述からは先生の顔が見えてきませんね」と言われた。慇懃《いんぎん》ではあるが厳しい言葉である。そのあと、自分の原稿を読み直してみると、たしかにそれは年表に史料をつけて並べたようなものであり、素朴実証主義と言われても仕方がないものであった。どうしたら自分の個性が出せるのか、「高校生にも分かるように書いてください」との注文もあり、試行錯誤した。そして、読者の立場を考え、自分が清正にかかわる熊本・名護屋・慶州《けいしゅう》・ソウル・臨津江《りんしんこう》・晋州《しんしゅう》・蔚山《うるさん》・西生浦《せいせいほ》などの史跡をめぐり歩いた体験と印象なども入れ、さらに授業をイメージしながら記述を試みた。本書をまとめることができたのは、この助言に負うところが多い。さらに同じく編集部の伊藤俊之さんには、製作の過程で表記・表現などについていくつかの助言をいただいた。あわせて感謝する次第である。

二〇〇六年十月二十二日、早稲田大学でホームカミングデーがあった。式典の最後に「都の西北」を歌い、教室でミーティングを開いた。仲間は二十名ほどであった。配布されたクラス名簿には物故者の名前も記されていた。参加者の中に、本書でも名をあげた須磨寺正覚院の住職、三浦真厳さんがいた。教壇に立った彼は、黒板に梵字を書き、物故者供養のお経をあげてくれた。これには感動した。

私たちが早稲田大学に入学したのは一九五三年である。思えば、大学一年の時に履修した京口元吉先生の講義「史学概論」は印象的だった。「歴史における五つのW」――すなわち、いつ、どこで、だれが、何をしたか、何故か――これが歴史を理解するのに必要なことだと言われた。それまで歴史といえば、受験のために史実を覚えるものと考えていたが、これが大学の講義というものなのだと、楽しみながらノートをとった。この「史学概論」はいまだに私の歴史学に影響を与えている。

二〇〇七年三月

早稲田大学卒業五十年にあたって

北　島　万　次

主要史料

『浅野家文書』（『大日本古文書』家わけ二）
『稲田海素氏所蔵文書』（東京大学史料編纂所所蔵写本）
『宇都宮高麗帰陣物語』（梅林老夫、国立公文書館内閣文庫所蔵写本、東京大学史料編纂所所蔵写本）
「蔚山城軍陣配置図」（前田育徳会尊経閣文庫所蔵）
『大河内秀元朝鮮日記』（大河内秀元、『続群書類従』二〇下）
『大重平六覚書』（大重平六、『旧典類聚』所収、東京大学史料編纂所所蔵写本）
『大和田重清日記』（大和田重清、東京大学史料編纂所所蔵写本）
『面高連長坊高麗日記』（面高連長坊、『改定史籍集覧』一五）
『加藤光泰・貞泰軍功記』（東京大学史料編纂所所蔵写本）
『加藤文書』（南葵文庫本、東京大学史料編纂所所蔵写本）
『加藤文書』（前田育徳会尊経閣文庫所蔵）
『金井文書』（東京大学史料編纂所所蔵写本）
『神屋文書』（『福岡県史資料』第五輯）
『韓陣文書』（国立公文書館内閣文庫所蔵写本）
『義演准后日記』（義演准后、『史料纂集』）

『吉川家譜』（著者不明、東京大学史料編纂所所蔵写本）
『吉川家史臣略記』（著者不明、東京大学史料編纂所所蔵写本）
『清正行状』（森本義太夫、『続群書類従』二三上）
『清正高麗陣覚書』（下川兵太夫、『続々群書類従』四）
『義旅録』（朴興宗、鄭文孚『農圃集』に含む）
『九鬼文書』（東京大学史料編纂所所蔵写本）
『黒田家譜』（貝原益軒、国立公文書館内閣文庫所蔵写本）
『黒田長政記』（著者不明、『続群書類従』二三上）
『黒田文書』（東京大学史料編纂所所蔵写本）
『慶長年中卜斎記』（板坂卜斎、『改定史籍集覧』二六）
『経略復国要編』（宋応昌、東京大学史料編纂所所蔵本）
『江雲随筆』（江岳元策・雲崖道岱、東京大学史料編纂所所蔵写本）
『高山公実録』（著者不明、大神惟直との説あり、東京大学史料編纂所所蔵写本）
『高麗国八州之石納覚之事』（『土佐国蠹簡集』所収、東京大学史料編纂所所蔵写本）
『高麗日記』（田尻鑑種、佐賀県立図書館所蔵）
『古蹟文徴』（前田育徳会尊経閣文庫所蔵）
『小早川家文書』（『大日本古文書』家わけ一一）
『再造藩邦志』（申炅、韓国国立晋州博物館刊『壬辰倭乱史料叢書』歴史所収）

『薩藩旧記雑録』（伊地知季安、東京大学史料編纂所所蔵）
『三藐院記』（近衛信尹、『史料纂集』）
『事大文軌』（韓国国立晋州博物館刊『壬辰倭乱史料叢書』対明外交所収）
『島津家高麗軍秘録』（渕辺量右衛門、『続群書類従』二〇下）
『島津家文書』（『大日本古文書』家わけ一、東京大学史料編纂所所蔵写真帖）
『下川文書』（東京大学史料編纂所所蔵写本）
『壬辰日録』（朴東亮、『寄斉史草』下に含む、『大東野乗』所収）
『壬辰録』（閔順之、東京大学文学部東洋史学科朝鮮文化研究室所蔵）
『新増東国輿地勝覧』（国書刊行会）
『西厓集』（柳成龍、『西厓全書』）
『征韓録』（島津久通、東京大学史料編纂所所蔵写本）
『清正記』（古橋又玄、『続群書類従』二三上）
『西笑和尚文案』（西笑承兌、東京大学史料編纂所所蔵写本）
『西征日記』（天荊、前田育徳会尊経閣文庫所蔵）
『関原軍記大成』（黒川真道、『国史叢書』三〇～三二）
『泰長院文書』（東京大学史料編纂所所蔵写本）
『立花文書』（東京大学史料編纂所所蔵写本）
『伊達家文書』（『大日本古文書』家わけ三）

『多聞院日記』（多聞院英俊、角川書店）
『朝鮮王朝実録』（韓国国史編纂委員会刊本）
『朝鮮国租税牒』（前田育徳会尊経閣文庫所蔵）
『朝鮮陣記』（著者不明、国立公文書館内閣文庫所蔵写本）
『朝鮮陣古文』（『改定史籍集覧』一三）
『朝鮮日記』（是琢、国立公文書館内閣文庫所蔵写本）
『朝鮮日々記』（慶念、『朝鮮日々記を読む』所収）
『懲毖録』（柳成龍、韓国国立晋州博物館刊『壬辰倭乱史料叢書』歴史所収）
『東槎録』（朴弘長、佐賀県立名護屋城博物館所蔵）
『当代記』（著者不明、松平忠明との説あり、『史籍雑纂』一）
『言経卿記』（山科言経、『大日本古記録』）
『時慶卿記』（西洞院時慶、東京大学史料編纂所所蔵写真帖）
『利家夜話』（村井長明、『改定史籍集覧』一三）
『長崎文書』（東京大学史料編纂所所蔵写本）
『中田文書』（大阪城天守閣所蔵）
『梨羽紹幽物語』（梨羽宗景、東京大学史料編纂所所蔵写本）
『鍋島家文書』（『佐賀県史料集成』古文書編三）
『鍋島直茂譜考補』（著者不明、国立公文書館内閣文庫所蔵写本）

『南禅旧記』（著者不明、国立公文書館内閣文庫所蔵写本）
『日本往還日記』（黄慎、京都大学文学部所蔵河合文庫本、『青丘学叢』一一）
『農圃集』（鄭文孚、東京大学総合図書館所蔵写本）
『原富太郎氏所蔵文書』（東京大学史料編纂所所蔵写本）
『一柳家記』（一柳図書、『続群書類従』二〇下、『改定史籍集覧』一四）
『涪渓記聞』（金時譲、『稗林』八）
『福田文書』（東京大学史料編纂所所蔵写本）
『武家事紀』（山鹿素行、山鹿素行先生全集刊行会）
『武徳編年集成』（木村高敦、名著出版）
『普聞集』（別名『肥前旧記』、著者不明、東京大学史料編纂所所蔵写本）
『奮忠紓難録』（申維翰、『韓国仏教全書』八）
『文禄慶長の役』別編第一（池内宏、吉川弘文館）
『慕夏堂文集』（金在徳氏私家版）
『北関誌』（李端夏、東洋文庫所蔵）
「北関大捷碑」尹徳駿
『三河物語』（大久保忠教、『日本思想大系』二六）
『明史』（中華書局）
『明実録』（中央研究院）

『毛利家記』（著者不明、国立公文書館内閣文庫所蔵写本）
『毛利家文書』（『大日本古文書』家わけ八）
『本山豊前守安政父子戦功覚書』（加藤清兵衛、『続群書類従』二〇下）
『吉見元頼朝鮮日記』（下瀬頼直、東京大学史料編纂所所蔵写本）
『吉村文書』（東京大学史料編纂所所蔵写本）
『乱中雑録』（趙慶男、韓国国立晋州博物館刊『壬辰倭乱史料叢書』歴史所収）
『乱中日記』（李舜臣、『朝鮮史料叢刊』六）
『両国壬辰実記』（山崎尚長、別名『朝鮮征討始末記』、国立公文書館内閣文庫所蔵写本）
『両国和平条件』（玄圃霊三、国立公文書館内閣文庫所蔵写本）
『両朝平攘録』（諸葛元声、東京大学東洋文化研究所所蔵写本）
『脇坂記』（著者不明、『続群書類従』二〇下）

著者紹介

一九三五年、愛知県に生まれる
一九五七年、早稲田大学文学部史学科卒業
一九五九年、東京都立大学大学院人文科学研究科(修士課程)修了
一九九一年、文学博士(早稲田大学)
二〇〇五年、共立女子大学教授をもって定年

主要著書
朝鮮日々記・高麗日記　豊臣政権の対外認識と朝鮮侵略　豊臣秀吉の朝鮮侵略　乱中日記(翻訳・注)　壬辰倭乱と秀吉・島津・李舜臣

歴史文化ライブラリー
230

加藤清正
朝鮮侵略の実像

二〇〇七年(平成十九)四月一日　第一刷発行

著　者　北《きた》島《じま》万《まん》次《じ》
発行者　前田求恭
発行所　株式会社　吉川弘文館
東京都文京区本郷七丁目二番八号
郵便番号一一三—〇〇三三
電話〇三—三八一三—九一五一〈代表〉
振替口座〇〇一〇〇—五—二四四
http://www.yoshikawa-k.co.jp/
印刷＝株式会社 平文社
製本＝ナショナル製本協同組合
装幀＝マルプデザイン

ISBN978-4-642-05630-4

歴史文化ライブラリー

1996.10

刊行のことば

現今の日本および国際社会は、さまざまな面で大変動の時代を迎えておりますが、近づきつつある二十一世紀は人類史の到達点として、物質的な繁栄のみならず文化や自然・社会環境を謳歌できる平和な社会でなければなりません。しかしながら高度成長・技術革新にともなう急激な変貌は「自己本位な刹那主義」の風潮を生みだし、先人が築いてきた歴史や文化に学ぶ余裕もなく、いまだ明るい人類の将来が展望できていないようにも見えます。このような状況を踏まえ、よりよい二十一世紀社会を築くために、人類誕生から現在に至る「人類の遺産・教訓」としてのあらゆる分野の歴史と文化を「歴史文化ライブラリー」として刊行することといたしました。

小社は、安政四年(一八五七)の創業以来、一貫して歴史学を中心とした専門出版社として書籍を刊行しつづけてまいりました。その経験を生かし、学問成果にもとづいた本叢書を刊行し社会的要請に応えて行きたいと考えております。

現代は、マスメディアが発達した高度情報化社会といわれますが、私どもはあくまでも活字を主体とした出版こそ、ものの本質を考える基礎と信じ、本叢書をとおして社会に訴えてまいりたいと思います。これから生まれでる一冊一冊が、それぞれの読者を知的冒険の旅へと誘い、希望に満ちた人類の未来を構築する糧となれば幸いです。

吉川弘文館

歴史文化ライブラリー

中世史

源　義経——元木泰雄
弓矢と刀剣 中世合戦の実像——近藤好和
騎兵と歩兵の中世史——近藤好和
運　慶 その人と芸術——副島弘道
鎌倉北条氏の興亡——奥富敬之
北条政子 尼将軍の時代——野村育世
乳母の力 歴史を支えた女たち——田端泰子
曽我物語の史実と虚構——坂井孝一
執権時頼《しっけんときより》と廻国《かいこく》伝説——佐々木　馨
親　鸞——平松令三
日　蓮——中尾　堯
捨聖《すてひじり》一　遍——今井雅晴
蒙古《もうこ》襲来 対外戦争の社会史——海津一朗
神風の武士像 蒙古合戦の真実——関　幸彦
悪党の世紀——新井孝重
地獄を二度も見た天皇　光厳院《こうごんいん》——飯倉晴武
東国の南北朝動乱 北畠親房と国人——伊藤喜良
平泉中尊寺 金色堂と経の世界——佐々木邦世
中世の奈良 都市民と寺院の支配——安田次郎
日本の中世寺院 忘れられた自由都市——伊藤正敏
庭園の中世史 足利義政と東山山荘——飛田範夫
中世の災害予兆 あの世からのメッセージ——笹本正治
土一揆の時代——神田千里
蓮　如——金龍　静
中世武士の城——斎藤慎一
武田信玄——平山　優
歴史の旅 武田信玄を歩く——秋山　敬
武田信玄像の謎——藤本正行
戦国大名の危機管理——黒田基樹
鉄砲と戦国合戦——宇田川武久
よみがえる安土城——木戸雅寿
加藤清正 朝鮮侵略の実像——北島万次
ザビエルの同伴者　アンジロー 戦国時代の国際人——岸野　久

歴史文化ライブラリー

歴史文化ライブラリー

藤原摂関家の誕生 平安時代史の扉――米田雄介
安倍晴明 陰陽師たちの平安時代――繁田信一
源氏物語の風景 王朝時代の都の暮らし――朧谷 寿
地獄と極楽 『往生要集』と貴族社会――速水 侑
古代の道路事情――木本雅康
古代の神社と祭り――三宅和朗
卑賤観の系譜――神野清一

各冊一七八五円　＊印のみ一九九五円（各5％の税込）
▽残部僅少の書目も掲載してあります。品切の節はご容赦下さい。